LES BASIQUES ESPAGNOLS

SUE QUINN
PHOTOGRAPHIES DE JAMES LYNDSAY

* * *

MARABOUT

AVANT-PROPOS

Les Espagnols sont passionnés par leur gastronomie et aussi fiers d'elle… Et ce, à juste titre, car elle incarne à la fois leur histoire, leur géographie et leur culture.

Les ingrédients exotiques importés par les Maures il y a plusieurs siècles, la richesse des produits liée à la diversité des paysages du pays, de même que la place centrale occupée par la nourriture dans la vie sociale des Espagnols, tout a contribué au développement d'une cuisine à la fois inventive, variée et riche en tradition.

Il est bien dommage que pour beaucoup de gens, la cuisine espagnole évoque uniquement ce qu'on leur sert dans les restaurants touristiques des différentes Costas. J'espère que ce livre permettra de prouver que la gastronomie espagnole est bien plus riche qu'on ne le croît.

Avec la popularité croissante de la cuisine espagnole, au-delà des frontières de l'Espagne, on trouve de plus en plus facilement, à l'étranger, les ingrédients indispensables à la confection des plats traditionnels. Cela vaut la peine de se décarcasser un petit peu : beaucoup de classiques espagnols ne sont pas difficiles à faire, mais leur réussite dépend de la qualité des ingrédients. Pensez à Internet pour acheter les produits que vous ne trouvez pas en boutique.

Cet ouvrage rassemble les grands classiques espagnols et quelques recettes plus rares, plus modernes. Certains plats vous paraîtront familiers, d'autres moins. Permettez-moi de vous suggérer de ne pas vous cantonner à ce que vous connaissez mais, au contraire, de vous lancer aussi dans l'inconnu… Si vous suivez mon conseil, vous serez largement récompensé, comme je l'ai été moi-même en réalisant les recettes qui composent ce livre.

✷ ✷ ✷

SOMMAIRE

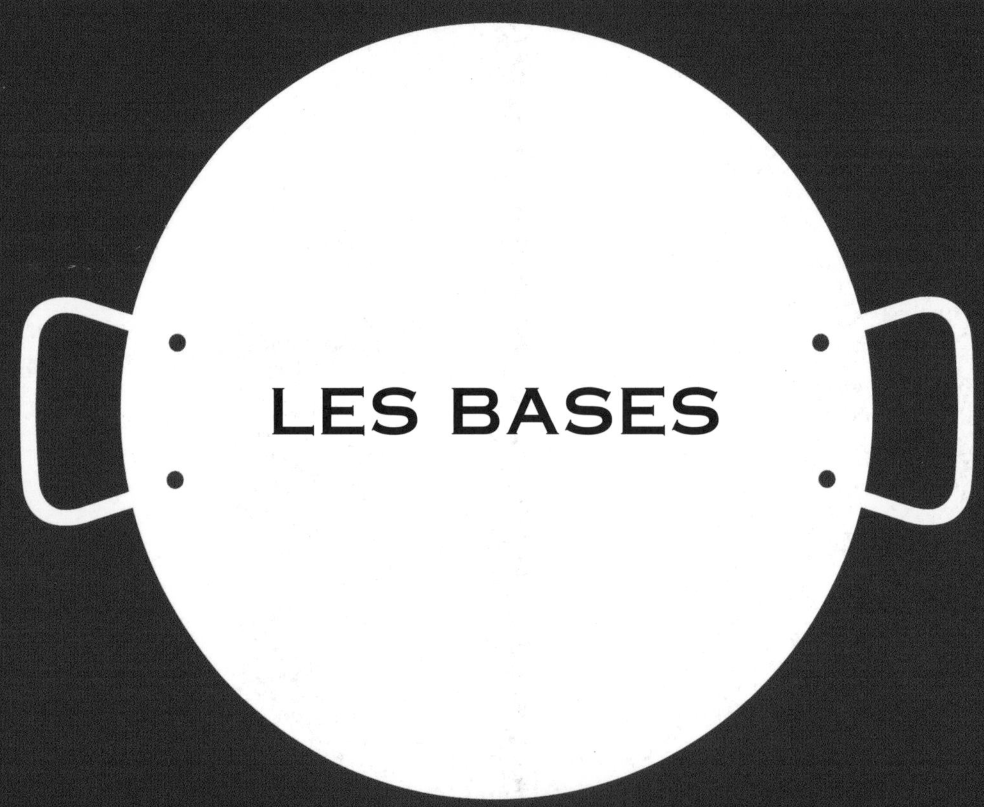

LES BASES

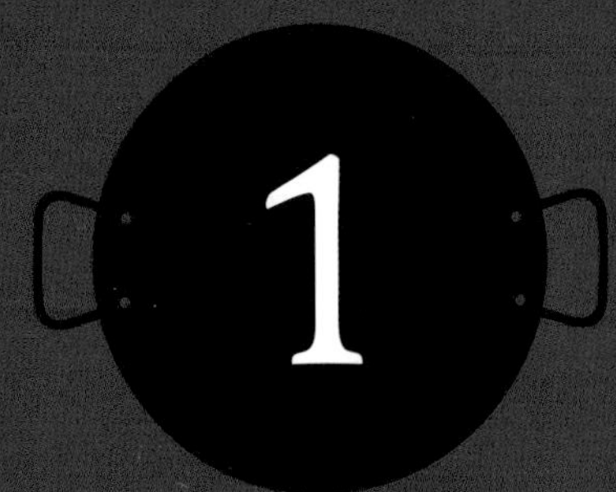

LES SAUCES

LES PAINS

LES BOUILLONS

01

MAYONNAISE À L'AIL (AÏOLI)

POUR 300 ML DE MAYONNAISE • PRÉPARATION : 20 MINUTES • CUISSON : AUCUNE

3 gousses d'ail pelées
½ cuillerée à café de sel marin
2 jaunes d'œufs
1 cuillerée à soupe de jus de citron

250 ml d'huile de tournesol
1 cuillerée à soupe d'huile d'olive

REMARQUE :
Cette mayonnaise se conserve jusqu'à 3 jours au réfrigérateur.

01

1 2

3 4

1	Pilez l'ail et le sel dans un mortier jusqu'à l'obtention d'une pâte lisse.	2	Versez le mélange dans un bol avec les jaunes d'œufs et le jus de citron. Fouettez avec un fouet électrique pendant 3 minutes.
3	Mélangez les huiles et versez-les dans le bol en fouettant, d'abord goutte à goutte, puis en filet régulier.	4	Quand toute l'huile a été incorporée, continuez de battre la mayonnaise quelques secondes jusqu'à ce qu'elle soit bien épaisse et satinée.

02

SAUCE ROMESCO

POUR 350 ML DE SAUCE • PRÉPARATION : 10 MINUTES • CUISSON : 25 MINUTES • REPOS : 5 MINUTES

40 g d'amandes mondées
40 g de noisettes
2 grosses tomates mûres à point
1 gros piment rouge équeuté
115 ml d'huile d'olive

2 gousses d'ail
1 cuillerée à café de paprika fumé doux
1 cuillerée à soupe de vinaigre de vin rouge
4 cuillerées à soupe de chapelure blanche, fraîche

Sel et poivre noir
Un trait de jus de citron

AU PRÉALABLE :
Préchauffez le four à 180 °C.

1 2

3 4

1	Étalez les amandes et les noisettes sur une plaque. Enfournez 6-8 minutes. Frottez-les dans un torchon pour ôter toute pellicule.	2	Faites rôtir les tomates et le piment, arrosés de 1 cuillerée à soupe d'huile, jusqu'à ce que la peau de la tomate se déchire. Laissez refroidir.
3	Mixez les amandes et les noisettes. Ajoutez les tomates, le piment, l'ail, le paprika, le vinaigre, la chapelure et le reste d'huile. Mixez bien.	4	Versez la sauce dans un bol, assaisonnez et ajoutez un trait de jus de citron. Servez avec de la viande ou des fruits de mer grillés, ou en dip.

03

SAUCE PIGNONS, AIL ET PERSIL

POUR 140 ML DE SAUCE • PRÉPARATION : 10 MINUTES • CUISSON : 2 MINUTES

2 tranches de pain de mie écroûté
4 cuillerées à soupe d'huile d'olive
3 gousses d'ail
1 pincée de sel marin

80 g de pignons, d'amandes mondées
et/ou de noisettes, grillés
1 cuillerée à soupe bombée de persil ciselé
Quelques filaments de safran (facultatif)

1 2
3 4

1	Poêlez le pain dans 2 cuillerées à soupe d'huile jusqu'à ce qu'il soit bien doré. Morcelez-le et laissez-le reposer sur du papier absorbant.	2	Pilez l'ail et le sel dans un mortier. Ajoutez les pignons, les amandes et/ou les noisettes et broyez jusqu'à l'obtention d'une pâte rugueuse.
3	Ajoutez le persil, le pain grillé, le reste d'huile et quelques filaments de safran. Continuez de piler jusqu'à obtenir une pâte épaisse.	4	Employez cette sauce comme indiqué dans la recette de votre choix, ou utilisez-la pour parfumer une soupe ou un ragoût.

04

PAIN ESPAGNOL (COCA)

POUR 1 PAIN • PRÉPARATION : 15 MINUTES • REPOS : 1 HEURE • CUISSON : 30 MINUTES

500 g de farine à pain tamisée
7 g de levure sèche de boulanger, diluée dans 2 cuillerées à soupe d'eau chaude
1 pincée de sucre en poudre
1 cuillerée à café de sel
2 cuillerées à soupe d'huile d'olive + 1 filet pour graisser le moule et arroser
2 cuillerées à soupe de vinaigre blanc
250 ml d'eau
Fleur de sel

AU PRÉALABLE :
Préchauffez le four à 180 °C.
Huilez une plaque de cuisson de 36 x 27 cm.

04

1 2
3 4

1	Versez la farine dans une grande terrine. Faites un puits et mettez-y la levure, le sucre, le sel, l'huile, le vinaigre et l'eau. Mélangez.	2	Sur une surface farinée, pétrissez la pâte 5 minutes. Remettez-la dans la terrine, couvrez avec un torchon et laissez reposer 1 heure.
3	Étalez la pâte, formez un rectangle. Posez-le sur la plaque huilée, piquez avec une fourchette, arrosez d'huile et saupoudrez de fleur de sel.	4	Faites cuire 25 à 30 minutes jusqu'à ce que le pain soit doré. Coupez des carrés. Servez-les chauds, trempés dans de l'huile d'olive.

05

FUMET DE POISSON

POUR 2 LITRES DE FUMET • PRÉPARATION : 15 MINUTES • CUISSON : 1 HEURE 10 MINUTES

1 kg de poisson blanc et/ou de parures, en morceaux (turbot, loup de mer, flétan, vivaneau, cabillaud, y compris la tête et les arêtes)
2 cuillerées à soupe d'huile d'olive
1 gros oignon haché grossièrement
1 branche de céleri hachée grossièrement
1 bulbe de fenouil haché grossièrement
1 grosse carotte hachée grossièrement
1 cuillerée à café de sel marin
3 feuilles de laurier
1 cuillerée à café de grains de poivre noir
3 brins de persil

1 2

3 4

1	Chauffez l'huile, faites-y revenir oignon, céleri, fenouil et carotte. Salez et laissez cuire 6 à 8 minutes : les légumes doivent être fondants.	2	Ajoutez 3 litres d'eau, le laurier, le poivre et le persil. Portez à ébullition puis réduisez le feu et laissez frémir 40 minutes.
3	Ajoutez le poisson et faites bouillir encore 20 minutes, en enlevant l'écume si nécessaire.	4	Filtrez la préparation dans un tamis fin. Ce fumet se conserve 2 à 3 jours au réfrigérateur, jusqu'à 2-3 mois au congélateur.

06

BOUILLON DE POULE

POUR ENVIRON 1,5 LITRE DE BOUILLON • PRÉPARATION : 15 MINUTES • CUISSON : 2 HEURES 15

1,5 kg de carcasse de volaille cuite ou non
3 cuillerées à soupe d'huile d'olive
1 gros oignon, haché grossièrement
2 branches de céleri, hachées grossièrement
2 grosses carottes, hachées grossièrement
1 cuillerée à café de sel marin
1 cuillerée à café de grains de poivre noir
3 feuilles de laurier
3 brins de persil
1 brin de thym

1	Chauffez l'huile puis faites-y revenir l'oignon, le céleri et les carottes. Salez et laissez cuire 6 à 8 minutes : les légumes doivent être fondants.	2	Ajoutez les os de poulet, le poivre, les feuilles de laurier, le persil et le thym. Ajoutez 3 litres d'eau et portez à ébullition.
3	Baissez le feu et laissez mijoter à découvert, à feu très doux pendant 2 heures, jusqu'à ce que le bouillon ait réduit de moitié.	4	Filtrez le liquide. Ce bouillon se conserve 2 à 3 jours au réfrigérateur et jusqu'à 2 ou 3 mois au congélateur.

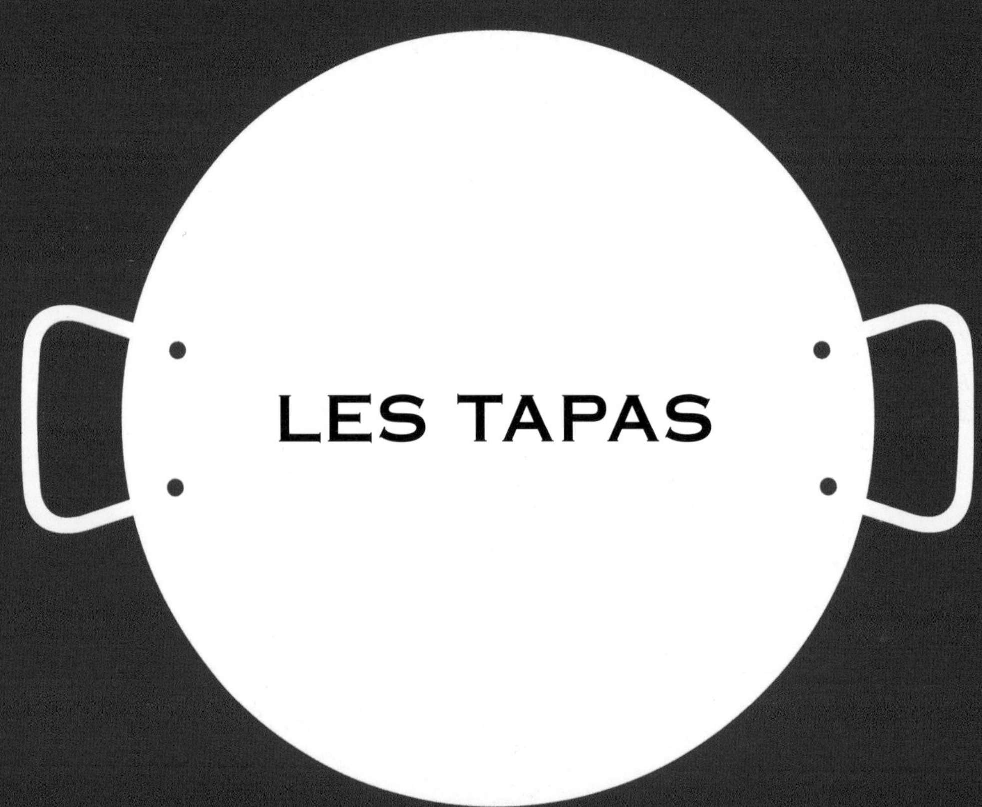

LES TAPAS

AVEC L'APÉRITIF

DES PLATS FROIDS À PARTAGER

BOISSON

07

AMANDES GRILLÉES AUX ÉPICES

POUR 250 G D'AMANDES • PRÉPARATION : 20 MINUTES • CUISSON : 1 HEURE

250 g d'amandes mondées, si possible la variété Marcona
Huile d'olive pour huiler la plaque
1 blanc d'œuf
2 cuillerées à soupe de sucre roux

1 ½ cuillerée à café de cumin en poudre
1 ½ cuillerée à café de paprika hot
½ cuillerée à café de sel marin
½ cuillerée à café de poivre de Cayenne

AU PRÉALABLE :
Préchauffez le four à 140 °C.

07

1 2

3 4

1	Posez une feuille de papier sulfurisé sur une plaque et badigeonnez-la généreusement d'huile pour éviter que les amandes adhèrent.	2	Fouettez le blanc d'œuf, avec un trait d'eau, en neige mousseuse. Ajoutez les amandes. Versez dans une passoire et secouez pour ôter l'œuf.
3	Mélangez ensemble le sucre, le cumin, le paprika, le sel et le poivre. Ajoutez les amandes et mélangez bien.	4	Étalez les amandes sur la plaque et enfournez 30 minutes. Baissez la température à 100 °C, secouez la plaque et laissez cuire 30 minutes.

08

OLIVES MARINÉES PARFUMÉES

POUR 250 G D'OLIVES • PRÉPARATION : 15 MINUTES • MARINADE : 1 HEURE • CUISSON : AUCUNE

250 g d'olives mélangées, dénoyautées, en saumure
1 cuillerée à soupe de vinaigre de Xérès
2 gousses d'ail émincées très finement
Le zeste et le jus de ½ orange
Le zeste et le jus de ½ citron jaune non traité
1 cuillerée à café de graines de coriandre, broyées
½ cuillerée à café de cumin en poudre
½ cuillerée à café de thym séché
½ cuillerée à café de romarin séché
1 piment rouge épépiné et émincé
1 cuillerée à café de graines de fenouil
3 cuillerées à soupe d'huile d'olive

1 2

3 4

1	Égouttez les olives, versez-les dans un bol et écrasez-les légèrement avec le plat de la lame d'un couteau.	2	Dans un autre bol, mélangez tous les autres ingrédients.
3	Ajoutez les olives et remuez soigneusement.	4	Laissez mariner au moins 1 heure avant de servir.

09

MANCHEGO ET PÂTE DE COINGS

POUR 1 LITRE DE PÂTE • PRÉPARATION : 25 MINUTES • CUISSON : 4 HEURES • REPOS : 6 HEURES

4 coings (environ 1,5 kg) pelés, sans le cœur et coupés en morceaux
1 gousse de vanille fendue
1 bâton de cannelle
1 lamelle d'écorce de citron

Environ 900 g de sucre en poudre
Le jus de ½ citron
Fromage manchego
Huile d'olive (facultatif)

AU PRÉALABLE :
Tapissez un moule à cake (22 x 10 cm) de papier sulfurisé.

1	Mettez les coings, les épices et l'écorce dans une cocotte. Couvrez d'eau. Laissez mijoter 30 minutes : les coings doivent être fondants.	2	Retirez les épices et l'écorce. Égouttez les coings et laissez-les reposer 5 minutes avant de les mixer en purée lisse. Pesez la purée obtenue.	
3	Versez-la dans une cocotte propre avec le sucre (comptez 450 g de sucre pour 500 g de purée). Ajoutez le jus de citron et remuez.	4	Faites dissoudre le sucre. Laissez cuire sur feu doux 2 heures 30 à 3 heures. La purée doit être orange foncé.	➤

09

5	Versez la pâte dans le moule préparé et laissez prendre 6 heures au réfrigérateur.	**SUGGESTION** Plutôt que d'utiliser un moule, versez la pâte dans des bocaux stérilisés. La pâte de coings se conserve jusqu'à 2 ou 3 mois au réfrigérateur.

6	Coupez le fromage en tranches fines. Posez une fine tranche de pâte de coings sur le fromage. Arrosez éventuellement d'un filet d'huile d'olive.	**VARIANTE** Pour une version plus consistante, servez le fromage et la pâte de coings sur du pain espagnol (voir recette 04) ou sur du pain aux olives avec des feuilles de roquette.

10

TOASTS À LA TAPENADE

POUR 250 ML DE TAPENADE • PRÉPARATION : 20 MINUTES • REPOS : 1 HEURE • CUISSON : 10 MINUTES

170 g d'olives noires dénoyautées
1 gousse d'ail
20 g de filets d'anchois à l'huile, égouttés
2 cuillerées à soupe de câpres, rincées

90 ml d'huile d'olive + un filet pour le pain
Le zeste finement râpé de ½ citron non traité
2 cuillerées à café de jus de citron

1 cuillerée à café de thym ciselé
Poivre noir
Des tranches de baguette

1 2

3 4

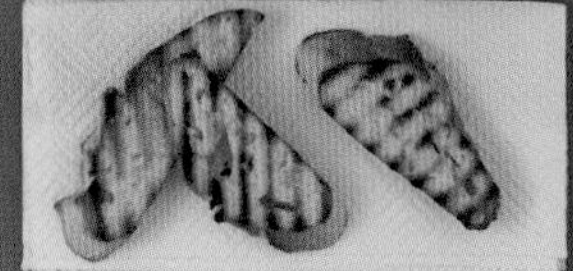

1	Réduisez les olives en purée dans un robot avec l'ail, les anchois, les câpres, l'huile, le zeste et le jus de citron.	2	Versez la préparation dans un bol et ajoutez-lui le thym et du poivre. Laissez reposer au moins 1 heure pour que les parfums se mélangent.
3	Badigeonnez le pain d'huile d'olive, sur les deux faces. Faites-les griller sur une poêle-gril chaude jusqu'à ce qu'elles soient croustillantes.	4	Étalez la tapenade sur les toasts et servez. Vous pouvez remplacer la baguette grillée par des morceaux de pain espagnol (voir recette 04).

11

TOASTS TOMATE & AIL

POUR 10 TOASTS • PRÉPARATION : 25 MINUTES • CUISSON : 50 MINUTES

125 g de gousses d'ail non pelées (environ 3 têtes)
300 ml d'huile d'olive

¼ cuillerée à café de sel marin
3 grosses tomates mûres à point
10 tranches de baguette

AU PRÉALABLE :
Remplissez un bol d'eau glacée.

1 2

3 4

1	Faites blanchir l'ail dans de l'eau bouillante pendant quelques secondes, puis plongez les gousses dans l'eau glacée. Sortez l'ail de l'eau.	2	Ôtez la peau et coupez l'extrémité. Mettez l'ail dans une casserole, couvrez avec l'huile et faites-le fondre à feu doux pendant 40 minutes.	
3	Mettez l'ail dans un bol et réservez l'huile. Écrasez l'ail à la fourchette en lui ajoutant le sel et 1 cuillerée à soupe de l'huile réservée.	4	Râpez les tomates au-dessus d'un bol pour en recueillir la pulpe. Jetez la peau et réservez la pulpe.	➢

11

5	Badigeonnez légèrement les tranches de baguette avec de l'huile puis faites-les griller sur une poêle-gril jusqu'à ce qu'elles soient striées sur les deux faces.	**VARIANTE** Remplacez les tranches de baguette grillées par du pain espagnol fraîchement cuit (voir recette 04).

6	Étalez un peu de confit d'ail sur les tranches de pain, nappez de pulpe de tomates et servez.	**ASTUCE** Quand vous faites confire l'ail dans l'huile, veillez à ce que le feu soit vraiment très doux : les petites bulles qui remontent du fond de la casserole vers la surface doivent être aussi fines que des bulles de champagne.

12

THON ET SALSA AU CONCOMBRE

POUR 4 PERSONNES • PRÉPARATION : 20 MINUTES • CUISSON : AUCUNE

100 g de mojama (thon séché de Murcie), taillée en tranches très fines
½ concombre pelé, épépiné et taillé en petits dés
1 gros poivron vert taillé en petits dés
2 tomates allongées mûres à point, épépinées et taillées en petits dés
3 cuillerées à soupe d'huile d'olive
1 cuillerée à soupe de vinaigre de Xérès
2 brins de cerfeuil, ciselés
1 oignon blanc, émincé
2 cuillerées à soupe d'amandes mondées grillées, hachées finement (facultatif)
Sel et poivre noir

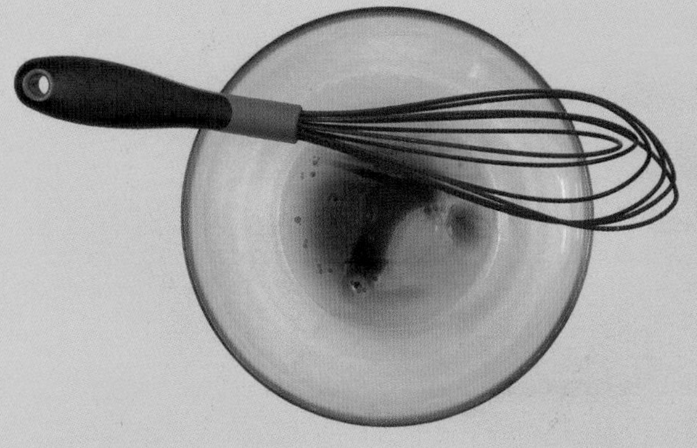

1 2
3 4

1	Dans un bol, fouettez ensemble l'huile et le vinaigre. Assaisonnez et réservez.	2	Dans un saladier, mélangez le concombre, le poivron, les tomates et le cerfeuil avec 2 cuillerées à soupe de vinaigrette.
3	Répartissez les petits légumes sur 4 assiettes, surmontés des tranches de thon. Finissez avec l'oignon blanc.	4	Arrosez avec le reste de vinaigrette et parsemez éventuellement d'amandes hachées.

13

TORTILLA

→ POUR 4 À 6 PERSONNES • PRÉPARATION : 20 MINUTES • CUISSON : 40 MINUTES ←

650 g de pommes de terre pelées, coupées en deux puis tranchées
6 œufs battus
750 ml d'huile de tournesol, pour la cuisson

65 ml d'huile d'olive
1 oignon moyen haché
3 gousses d'ail hachées finement
Sel et poivre noir

ASTUCE :
Choisissez une poêle à frire antiadhésive de 23 cm de diamètre.

1 2

3 4

1	Salez les pommes de terre. Cuisez-les dans l'huile de tournesol jusqu'à ce qu'elles soient tendres mais pas colorées. Égouttez-les	2	Cuisez l'oignon 15 minutes dans 2 cuillerées à soupe d'huile d'olive. Salez. Ajoutez l'ail et poursuivez la cuisson 5 minutes.	
3	Mélangez délicatement les pommes de terre, l'oignon et les œufs dans un saladier. Assaisonnez généreusement.	4	Essuyez la poêle. Chauffez le reste d'huile d'olive. Versez le mélange aux œufs, cuisez jusqu'à ce qu'ils soient pris.	➢

5	Glissez la poêle sous un gril chaud pendant 4 minutes jusqu'à ce que les œufs soient cuits et que la surface de la tortilla soit dorée.	**ASTUCE** Si vous avez le temps, saupoudrez de sel les pommes de terre tranchées et laissez-les reposer dans une passoire pendant 10 minutes avant de les frire.

6	Retournez la tortilla sur une assiette et taillez-la en petits carrés. Servez chaud ou froid.	**REMARQUE** Il est important de cuire l'oignon à feu doux pour qu'il soit fondant.

TORTILLA À LA MORCILLA

VARIANTE DE LA TORTILLA

1. Tranchez 200 g de morcilla (boudin noir espagnol) et faites-le frire dans 1 c. à soupe d'huile d'olive jusqu'à ce que les bords commencent à croustiller. Sortez-le avec une écumoire.

2. Préparez la tortilla jusqu'à l'étape 2 puis ajoutez les tranches de boudin avec les pommes de terre, l'oignon et les œufs. Mélangez délicatement puis faites cuire la tortilla comme indiqué dans la recette 13.

TORTILLA AU JAMBON

VARIANTE DE LA TORTILLA

1. Préparez la tortilla en suivant la recette 13 jusqu'à l'étape 2.
2. Coupez 75 g de jambon Serrano en petits morceaux et râpez 60 g de fromage Manchego.
3. Ajoutez-les dans le saladier, en même temps que les pommes de terre, l'oignon et les œufs (étape 3).
4. Faites cuire la tortilla comme indiqué dans la recette 13.

TOASTS TOMATE ET ANCHOIS

POUR 8 TOASTS • PRÉPARATION : 10 MINUTES • CUISSON : AUCUNE

8 filets d'anchois blancs au vinaigre, coupés en deux
2 grosses tomates mûres à point, épépinées et hachées finement
8 tranches de baguette ou de ciabatta
90 ml d'huile d'olive
½ bulbe de fenouil paré et tranché très finement
2 cuillerées à soupe de vinaigre de Xérès
2 cuillerées à soupe de basilic ciselé
2 gousses d'ail pelées
Sel et poivre noir

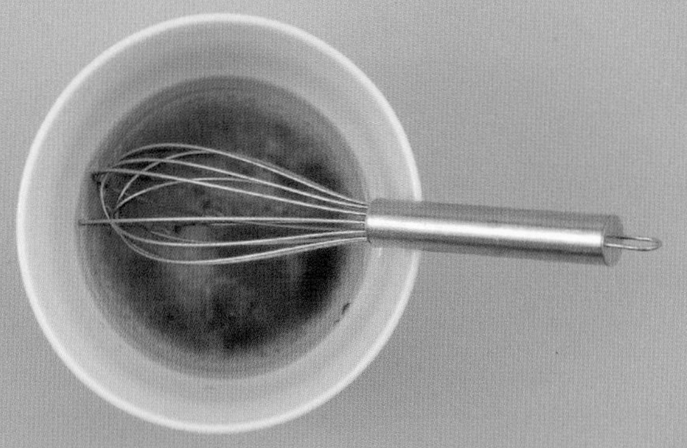

1 2
3 4

1	Mélangez ensemble l'huile et le vinaigre. Assaisonnez généreusement.	2	Dans un bol, mélangez les tomates, le fenouil et le basilic. Arrosez avec 4 cuillerées à soupe de vinaigrette. Remuez soigneusement et réservez.
3	Faites griller les tranches de pain sous un gril chaud, sur les deux faces. Frottez ensuite les tranches de pain avec l'ail.	4	Étalez la préparation à la tomate sur les toasts. Posez deux moitiés d'anchois sur chaque toast et poivrez. Arrosez avec le reste de vinaigrette.

17

PIMENTS DE PADRÓN GRILLÉS

POUR 4 PERSONNES • PRÉPARATION : 5 MINUTES • CUISSON : 3 À 4 MINUTES

50 ml d'huile d'olive
250 g de piments de Padrón
Sel marin

REMARQUE :
Normalement, les piments de Padrón sont des piments doux, mais il arrive que des très piquants se glissent parmi les doux : soyez donc très vigilant lorsque vous les mangez !

1 2

3 4

1	Lavez les piments à l'eau froide et essuyez-les soigneusement. Faites-les cuire avec les queues, même si celles-ci ne se mangent pas.	2	Faites chauffer l'huile dans une grande poêle à frire. Quand elle est très chaude, ajoutez les piments (attention aux projections) et remuez.
3	Laissez cuire 3 à 4 minutes jusqu'à ce que la peau se mette à brunir par endroits. Épongez les piments sur du papier absorbant.	4	Saupoudrez de sel marin et servez aussitôt.

18

DIP AUX FÈVES

POUR 4 PERSONNES • PRÉPARATION : 5 MINUTES • CUISSON : 5 MINUTES

200 g de fèves écossées
(fraîches ou surgelées)
1 cuillerée à café de cumin en poudre
2 gousses d'ail hachées finement
½ cuillerée à café de paprika fumé doux
60 ml d'huile d'olive
Un trait de jus de citron
Sel et poivre noir

1 2

3 4

1	Faites cuire les fèves dans de l'eau bouillante salée pendant 5 minutes. Quand elles sont fondantes, égouttez-les et réservez l'eau.	2	Ôtez la fine pellicule qui recouvre les fèves.
3	Réduisez les fèves en purée avec le cumin, l'ail, le paprika et 2 cuillerées à soupe de l'eau de cuisson des fèves puis versez doucement l'huile.	4	Versez la préparation dans un bol et ajoutez un trait de jus de citron. Assaisonnez. Servez avec des toasts ou du pain espagnol (voir recette 04).

SANGRIA

→ POUR ENVIRON 1,5 LITRES DE SANGRIA • PRÉPARATION : 10 MINUTES • CUISSON : 5 MINUTES ←

500 ml de vin rouge
500 ml de jus d'orange
250 ml de limonade
2 cuillerées à soupe de cognac
320 g de sucre en poudre
175 ml d'eau

Le zeste de 2 citrons non traités
Le jus de ½ citron
Une bonne pincée de cannelle en poudre

AU MOMENT DE SERVIR :
Les feuilles de 2 branches de menthe

Des fruits en morceaux (pommes, oranges ou pêches)
Glaçons

REMARQUE :
Prévoyez un grand saladier.

1 2

3 4

1	Mélangez le sucre et l'eau dans une casserole. Chauffez à feu doux jusqu'à ce que le sucre soit dissous. Laissez refroidir complètement.	2	Mélangez le vin, le jus d'orange, la limonade, le cognac, le zeste et le jus de citron. Ajoutez le sirop de sucre et la cannelle.
3	Ajoutez les morceaux de fruits et la menthe puis remuez soigneusement.	4	Mettez quelques glaçons dans les verres et versez la sangria en veillant à ce qu'il y ait des fruits et un peu de menthe dans chaque verre.

LES LÉGUMES
& LES ŒUFS

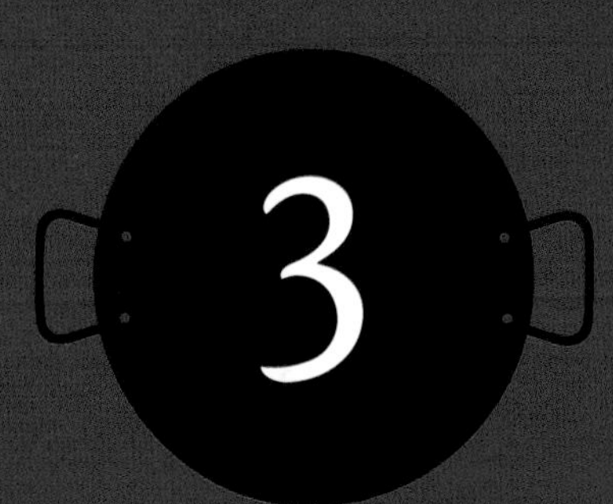

LES SOUPES

EN ACCOMPAGNEMENT OU PLAT PRINCIPAL

LES ŒUFS

20

GAZPACHO ANDALUZ

POUR 4 À 6 PERSONNES • PRÉPARATION : 20 MINUTES • REPOS : 1 HEURE 30 • CUISSON : AUCUNE

85 g de pain blanc rassis, mis à tremper 30 minutes dans de l'eau froide
1 kg de tomates mûres à point, coupées en dés
1 poivron vert, coupé en morceaux
1 concombre moyen, coupé en petits dés
75 g de poivrons rouges grillés, marinés à l'huile, coupés en morceaux
3 gousses d'ail hachées
½ cuillerée à café de sel
150 ml d'huile d'olive + un filet pour servir
3 cuillerées à soupe de vinaigre de Xérès

GARNITURE (FACULTATIF) :
Menthe ciselée
Oignon blanc émincé
Poivron vert ou rouge, coupé en petits dés
Olives noires hachées

1 2

3 4

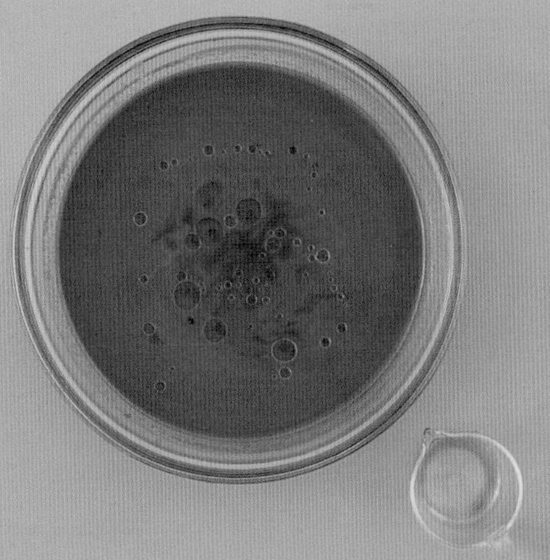

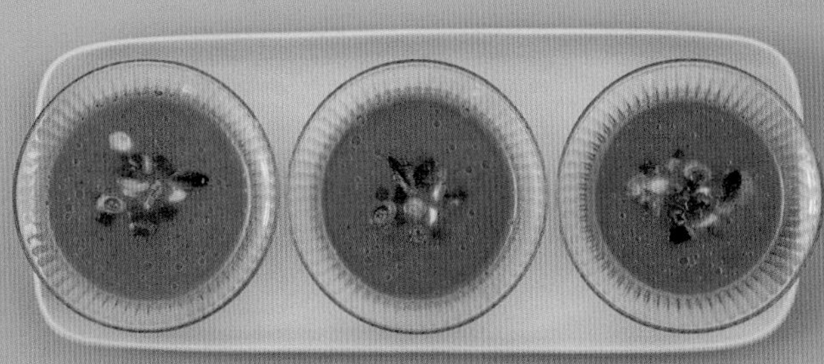

1	Essorez le pain puis réduisez-le en purée dans un robot avec les tomates, les poivrons, le concombre, l'ail et le sel.	2	Passez la préparation dans un tamis, en la pressant avec le dos d'une cuillère.
3	Incorporez l'huile et le vinaigre. Goûtez et rajoutez-en si besoin. Rectifiez l'assaisonnement et placez au moins 1 heure 30 au frais.	4	Versez le gazpacho dans des bols bien froids. Finissez avec une petite touche décorative (facultatif) et un filet d'huile d'olive.

21

SOUPE FROIDE À LA TOMATE

POUR 4 À 6 PERSONNES • PRÉPARATION : 25 MINUTES • REPOS : 2 HEURES 20 • CUISSON : AUCUNE

1,5 kg de tomates mûres à point, coupées en morceaux
65 g d'amandes mondées
3 gousses d'ail hachées
120 g de pain blanc rassis, morcelé
2 cuillerées à soupe d'huile d'olive
1 cuillerée à café de sel
4 cuillerées à soupe de jambon Serrano, émincé finement
2 œufs durs, coupés en petits morceaux

1 2

3 4

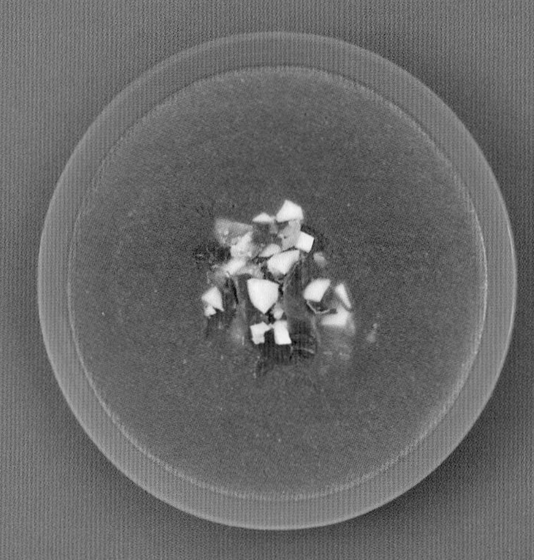

1	Dans un robot, réduisez les tomates et l'ail en purée lisse. Filtrez le mélange, en le pressant avec une cuillère. Jetez le contenu du tamis.	2	Ajoutez le pain et l'huile. Remuez soigneusement pour que le pain s'imbibe bien du liquide. Laissez reposer 20 minutes.
3	Mixez de nouveau, avec du sel, jusqu'à ce que le mélange soit lisse. Ajoutez un peu d'eau si besoin. Placez au moins 2 heures au frais.	4	Versez la soupe dans des bols bien froids, parsemez de petits morceaux de jambon et d'œufs puis servez.

22

GAZPACHO VERT

POUR ENVIRON 700 ML DE GAZPACHO • PRÉPARATION : 20 MINUTES • REPOS : 1 HEURE • CUISSON : AUCUNE

120 g de feuilles de laitue déchiquetées
80 g d'épinards hachés
2 oignons blancs, émincés
200 g de concombre pelé et coupé en dés
½ poivron vert, coupé en morceaux
1 cuillerée à soupe de persil ciselé

1 gousse d'ail hachée
1 cuillerée à café d'huile d'olive
½ cuillerée à café de câpres, rincées
350 ml de bouillon de poule (recette 06)
3 cuillerées à soupe de crème fraîche
+ un peu pour servir

1 cuillerée à soupe de menthe ciselée
1 bonne pincée de poivre blanc
1 cuillerée à café de sel
1 trait de jus de citron
Jambon Serrano, coupé en petits morceaux, pour servir (facultatif)

1 2

3 4

1	Mixez bien la laitue, les épinards, l'ail, le concombre, les oignons, le poivron, le persil, les câpres, l'huile et le bouillon froid.	2	Ajoutez la crème, la menthe, le poivre blanc et le sel. Remuez soigneusement.
3	Placez au moins 1 heure au frais. Ajoutez un filet de jus de citron, goûtez et rectifiez l'assaisonnement. Remuez.	4	Versez la soupe dans des bols. Déposez une petite cuillerée de crème en surface avec quelques petits morceaux de jambon. Servez.

23

SOUPE À L'AIL

→ POUR 4 PERSONNES • PRÉPARATION : 15 MINUTES • CUISSON : 40 MINUTES ←

2 têtes d'ail (coupez les deux extrémités)
50 ml d'huile d'olive
120 g de chorizo à cuire, taillé en petits dés
4 tranches de pain au levain ou de ciabatta
4 œufs
1 cuillerée à café de paprika fumé doux
1 litre de bouillon de poule (recette 06)
Sel et poivre noir

AU PRÉALABLE :
Préchauffez le four à 200 °C.

1 2
3 4

1	Arrosez l'ail avec un filet d'huile, emballez-le dans de l'aluminium. Faites rôtir 30 minutes. Pressez les gousses, gardez la pulpe, écrasez-la.	2	Chauffez 1 cuillerée à soupe d'huile dans une poêle. Faites-y revenir le chorizo jusqu'à ce qu'il soit croustillant. Sortez-le avec une écumoire.
3	Chauffez le reste d'huile dans la poêle. Faites-y revenir le pain à feu moyen pendant 1 minute. Posez le pain sur du papier absorbant.	4	Mélangez le chorizo, l'ail et le paprika dans la poêle. Ajoutez le bouillon et laissez mijoter 2 minutes. Assaisonnez. ➢

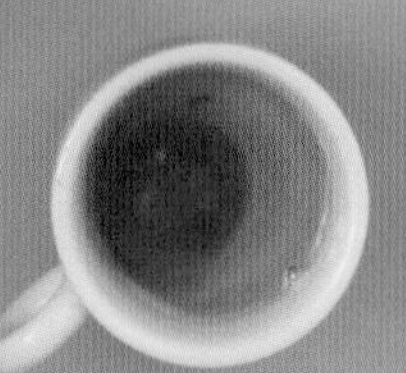

5	Cassez un œuf dans une tasse et faites-le glisser dans le bouillon frémissant. Répétez l'opération avec les 3 autres œufs et laissez-les cuire : le blanc doit être ferme mais le jaune doit rester liquide.	**ASTUCE** Retirez bien la poêle du feu avant d'y mettre le paprika, car le paprika brûlé dégage une amertume désagréable.

6	Au moment de servir, déposez une tranche de pain dans chaque bol, arrosez avec le bouillon et déposez un œuf pour terminer.	**VARIANTE** Pour obtenir un bouillon plus parfumé, ajoutez-lui quelques filaments de safran et un trait de xérès sec.

SALADE D'ORANGES SANGUINES

✤ POUR 4 PERSONNES • PRÉPARATION : 10 MINUTES • CUISSON : AUCUNE ✤

4 oranges sanguines
1 bulbe de fenouil, paré et taillé en tranches très fines
1 cuillerée à soupe de vinaigre de Xérès
1 cuillerée à soupe de vinaigre blanc
1 ½ cuillerée à soupe de jus d'orange frais
65 ml d'huile d'olive
2 cuillerées à soupe de persil plat, ciselé
4 cuillerées à soupe d'olives noires à l'huile, dénoyautées
Sel et poivre noir

1 2

3 4

1	Dans un bol, mélangez ensemble les vinaigres, le jus d'orange et l'huile. Salez, poivrez et réservez.	2	Pelez les oranges à vif puis taillez-les en très fines rondelles.
3	Disposez les tranches d'orange sur les assiettes. Arrosez-les avec un filet de vinaigrette.	4	Répartissez le fenouil, les olives et le persil sur les oranges, puis arrosez avec le reste de vinaigrette.

25

AUBERGINES FARCIES

POUR 4 PERSONNES • PRÉPARATION : 15 MINUTES • CUISSON : 50 MINUTES

2 grosses aubergines (environ 600 g en tout), équeutées
2 cuillerées à soupe d'huile d'olive
300 g de champignons mélangés, hachés
3 gousses d'ail hachées finement
2 grosses tomates, coupées en petits dés
4 cuillerées à soupe de pignons grillés
Un trait de jus de citron
4 cuillerées à soupe de poudre d'amandes
100 g de fromage Manchego
Sel et poivre noir

AU PRÉALABLE :
Préchauffez le four à 190 °C.

1	Faites rôtir les aubergines 20 minutes en les retournant à mi-cuisson : elles doivent être fondantes. Coupez-les en deux et ôtez la chair.	2	Faites chauffer l'huile dans une poêle puis faites-y revenir les champignons 5 minutes à feu vif.	
3	Ajoutez l'ail, les tomates, les pignons et un trait de jus de citron. Remuez soigneusement et laissez cuire encore 4 minutes.	4	Ajoutez la chair des aubergines, cuisez 5 minutes à feu doux. Hors du feu, ajoutez les amandes et le fromage râpé.	➢

25

5	Goûtez la préparation et rectifiez l'assaisonnement si besoin. Répartissez la farce dans les aubergines évidées.	**VARIANTE** Ajoutez 150 g de jambon ou de chorizo hachés finement en même temps que les tomates.

6	Faites cuire 15 minutes au four jusqu'à ce que la farce soit bien chaude et que le fromage soit fondu. Servez aussitôt.	**ASTUCE** Quand vous évidez les aubergines, laissez 1 cm de chair attachée à la peau : de cette manière, les aubergines farcies ne se décomposeront pas à la cuisson.

TOASTS AUX CHAMPIGNONS

POUR 4 PERSONNES • PRÉPARATION : 20 MINUTES • CUISSON : 10 MINUTES

4 tranches de pain au levain ou de campagne
350 g de champignons, coupés en morceaux
4 cuillerées à soupe d'huile d'olive
1 échalote hachée finement
45 g de beurre
2 gousses d'ail hachées finement
1 cuillerée à café de thym
3 cuillerées à soupe de xérès sec
¼ de cuillerée à café de filaments de safran, dissous dans 1 cuillerée à soupe d'eau chaude
Un trait de jus de citron
Persil ciselé pour décorer
Sel marin et poivre noir

AU PRÉALABLE :
Préchauffez le four à 110 °C.

1	Faites chauffer 2 cuillerées à soupe d'huile dans une poêle. Faites-y dorer le pain. Enfournez les tranches grillées sur une plaque de cuisson.	2	Faites revenir l'échalote 2 minutes dans l'huile. Ajoutez la moitié du beurre et faites revenir les champignons 3 minutes.
3	Ajoutez l'ail et le thym, assaisonnez et laissez cuire 1 minute. Ajoutez le xérès et le safran, laissez mijoter 1 minute, puis le reste de beurre.	4	Posez une tranche de pain sur chaque assiette. Disposez les champignons, ajoutez un trait de jus de citron, du persil et une pointe de sel.

27

PATATAS BRAVAS

POUR 4 PERSONNES • PRÉPARATION : 15 MINUTES • CUISSON : 40 MINUTES

1 litre d'huile de tournesol pour la cuisson
900 g de pommes de terre à chair ferme, coupées en deux puis chaque moitié en quatre
½ cuillerée à café de sel
3 cuillerées à soupe d'huile d'olive
1 gros oignon haché finement
60 g de poivron rouge grillé, mariné à l'huile, coupé en morceaux
2 gousses d'ail hachées finement
600 ml de coulis de tomates
Une bonne pincée de sucre en poudre
1 cuillerée à soupe de paprika fumé doux
½ cuillerée à café de poivre de Cayenne
1 feuille de laurier

1 2

3 4

1	Chauffez l'huile de tournesol. Plongez-y les pommes de terre salées 15 minutes : elles doivent être fondantes sans se colorer. Égouttez.	2	Faites revenir l'oignon et le poivron dans l'huile d'olive 10 minutes à feu doux. Ajoutez l'ail et poursuivez la cuisson 5 minutes.
3	Ajoutez le coulis, le sucre, le paprika, le poivre de Cayenne et le laurier puis laissez épaissir. Assaisonnez, ôtez le laurier et réservez.	4	Chauffez l'huile de tournesol. Quand elle est bien chaude, faites-y dorer rapidement les pommes de terre. Nappez de sauce et servez.

PIMIENTOS DEL PIQUILLO FARCIS

POUR 12 PIMIENTOS • PRÉPARATION : 30 MINUTES • CUISSON : 5 MINUTES

160 g de fromage de chèvre frais
12 piquillos (poivrons espagnols) en bocal
2 cuillerées à soupe de l'huile du bocal de piquillos
2 ½ cuillerées à soupe de vinaigre de Xérès

50 ml de xérès sec
Le zeste finement râpé d'un citron non traité
2 cuillerées à soupe d'amandes mondées hachées, légèrement grillées

125 g de sucre en poudre
Une pincée de sel marin
1 cuillerée à café de thym
Pain croustillant pour servir

1 2
3 4

1	Chauffez le sucre dans le vinaigre en remuant. Faites bouillir 2 minutes 30 pour que le sucre caramélise. Hors du feu, incorporez le xérès.	2	Dans un bol, mélangez ensemble le chèvre, le zeste, les amandes, le sel, le thym et l'huile des piquillos. Remuez et lissez le mélange.
3	Glissez une cuillerée à soupe bombée de farce (ou plus, si vous pouvez) à l'intérieur de chaque piquillo.	4	Arrosez avec la sauce caramélisée et servez avec du pain croustillant.

29

FÈVES AU JAMBON

POUR 4 PERSONNES • PRÉPARATION : 20 MINUTES • CUISSON : 20 MINUTES

2 cuillerées à soupe d'huile d'olive + un filet pour la cuisson, si nécessaire
180 g de jambon Serrano, coupé en petits morceaux
½ oignon, haché finement
1 gousse d'ail, hachée finement
2 cuillerées à soupe de xérès
300 g de fèves écossées, fraîches ou surgelées, épluchées
200 ml de bouillon de poule (recette 06)

1 2
3 4

1	Faites revenir les morceaux de jambon dans l'huile chaude jusqu'à ce qu'ils commencent à croustiller. Sortez le jambon avec une écumoire.	2	Mettez l'oignon dans la poêle avec l'ail et éventuellement un peu d'huile, et faites fondre 3 minutes. Remettez le jambon dans la poêle.
3	Versez le xérès et remuez soigneusement, en détachant les sucs avec une cuillère en bois. Ajoutez les fèves et le bouillon.	4	Couvrez, réduisez le feu et laissez mijoter 10 minutes. Servez chaud ou à température ambiante.

30

ŒUFS BROUILLÉS À LA TRUFFE

POUR 2 PERSONNES • PRÉPARATION : 15 MINUTES • CUISSON : 15 MINUTES

6 œufs battus
15 g de truffe, fraîche ou en conserve, hachée finement
200 g de champignons mélangés, nettoyés, hachés grossièrement
1 cuillerée à soupe d'huile d'olive
1 gousse d'ail, hachée finement
30 g de beurre
Pain croustillant, pour servir
Sel et poivre noir

REMARQUE :
Si vous utilisez de la truffe en conserve, ne jetez pas le liquide dans lequel elle baigne.

1	Chauffez l'huile dans une poêle puis faites-y revenir les champignons à feu vif pendant 3 minutes. Assaisonnez généreusement.	2	Ajoutez l'ail et éventuellement un trait de liquide prélevé dans le bocal de la truffe. Faites cuire 1 minute. Retirez la poêle du feu.
3	Cuisez les œufs et le beurre à feu très doux en remuant jusqu'à l'obtention d'une préparation crémeuse. Assaisonnez et ôtez du feu.	4	Ajoutez les champignons et les trois quarts de la truffe. Finissez en parsemant les œufs du reste de truffe et servez avec du pain.

31

RAGOÛT DE LÉGUMES AUX ŒUFS

POUR 4 PERSONNES • PRÉPARATION : 25 MINUTES • CUISSON : 35 MINUTES

2 pommes de terre moyennes, pelées, coupées en dés et salées
1 oignon, haché finement
1 gousse d'ail, hachée
1 poivron rouge, coupé en petits dés
1 poivron vert, coupé en petits dés
1 courgette, coupée en petits dés
4 tomates, pelées et coupées en morceaux
65 ml de bouillon de poule ou de légumes (recette 06)
4 œufs de caille
125 ml d'huile d'olive
½ cuillerée à café de cumin en poudre
½ cuillerée à café de paprika hot
2 poivrons ñora séchés, morcelés et réhydratés dans un peu d'eau chaude, puis égouttés et hachés finement
Tabasco (facultatif)

1	Faites dorer les pommes de terre dans 90 ml d'huile d'olive chaude. Ajoutez oignon, ail, poivrons et courgette, laissez cuire 8 minutes.	2	Ajoutez les tomates, le cumin, le paprika, les poivrons ñora et le bouillon. Remuez et laissez mijoter 15 minutes (légumes fondants).
3	Chauffez le reste d'huile. Cassez les œufs dans la poêle et faites-les cuire : le blanc commence à croustiller, mais le jaune reste coulant.	4	Répartissez les légumes et les œufs dans des bols. Arrosez les œufs de quelques gouttes de Tabasco (facultatif).

32

POMMES DE TERRE ET CHORIZO

⟫ POUR 4 PERSONNES • PRÉPARATION : 20 MINUTES • CUISSON : 30 MINUTES ⟪

800 g de pommes de terre, pelées, coupées en dés et salées
250 g de lardons
4 œufs

4 chorizos à cuire, coupés en deux dans la longueur puis taillés en demi-rondelles de 1 cm d'épaisseur
2 gros oignons rouges, émincés

90 ml d'huile d'olive
2 gousses d'ail pelées
Tabasco (facultatif)

1	Chauffez 3 cuillerées à soupe d'huile dans une poêle. Faites-y cuire l'ail jusqu'à ce qu'il commence à dorer. Ôtez les gousses, jetez-les.	2	Ajoutez les pommes de terre, laissez cuire 5 minutes à feu moyen. Ajoutez les oignons et poursuivez la cuisson 15 minutes.	
3	Ajoutez le chorizo, remuez et faites cuire encore 5 minutes. Ajoutez les lardons et faites cuire 3 minutes de plus. Couvrez et réservez.	4	Dans une autre poêle, chauffez le reste d'huile. Faites-y frire les œufs : le blanc doit être ferme, le jaune coulant.	➢

5	Posez les œufs sur la préparation aux pommes de terre. Coupez-les en morceaux grossiers et remuez légèrement l'ensemble.	**ASTUCE** Pour réduire le temps de cuisson, faites cuire les pommes de terre 5 minutes à la vapeur et ajoutez-les dans la poêle en même temps que le chorizo. En procédant de la sorte, les oignons ne cuiront que 5 minutes.

6	Répartissez la préparation dans des écuelles et servez aussitôt avec quelques gouttes de Tabasco (facultatif).	**REMARQUE** Pensez à remuer régulièrement les légumes, le chorizo et les lardons pour que la cuisson soit uniforme et éviter que la préparation n'attache.

33

ŒUFS ET SAUCE AUX AMANDES

POUR 4 PERSONNES EN ENTRÉE • PRÉPARATION : 15 MINUTES • CUISSON : 15 MINUTES

4 œufs durs, coupés en deux
10 amandes mondées
1 gousse d'ail, émincée
1 tranche de pain blanc rassis, écroûté

150 ml de bouillon de poule (recette 06)
3 cuillerées à soupe d'huile d'olive
½ cuillerée à soupe de xérès

5 grains de poivre noir
Une pincée de filaments de safran dilués dans un peu d'eau chaude
Une pincée de cannelle en poudre

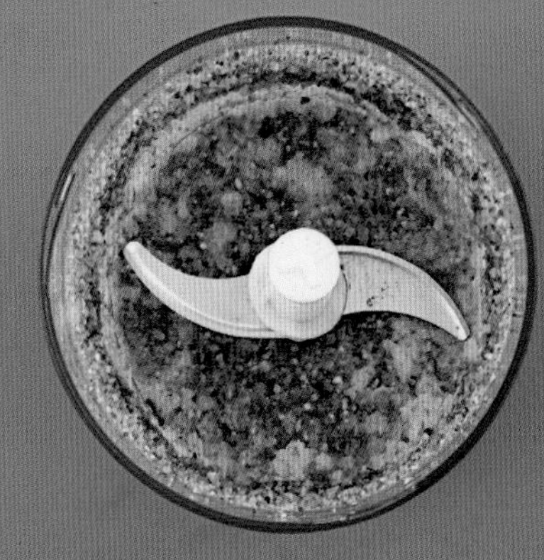

1 2

3 4

1	Faites revenir les amandes, l'ail et le pain dans l'huile chaude jusqu'à ce qu'ils soient dorés. Laissez refroidir et mettez-les dans un robot.	2	Ajoutez le xérès, le poivre, le safran et la cannelle. Mixez. Ajoutez un peu de bouillon pour assouplir la pâte et mixez de nouveau.
3	Mettez la préparation dans un poêlon et versez le reste de bouillon. Laissez mijoter 5 minutes. Ajoutez les œufs et faites cuire 1 minute.	4	Servez les œufs nappés de sauce, accompagnés de riz ou de pain croustillant.

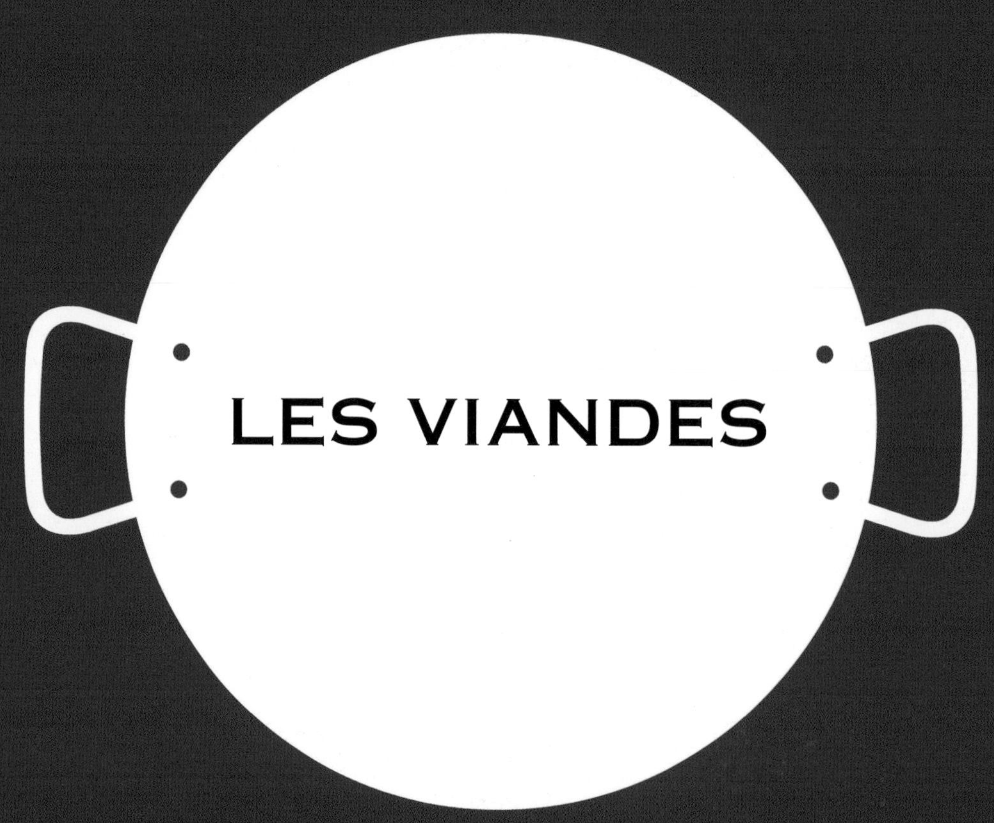

LES VIANDES

4

LES ESCARGOTS

BŒUF & AGNEAU

PORC

POULET & CANARD

ESCARGOTS EN SAUCE

POUR 4 PERSONNES EN ENTRÉE • PRÉPARATION : 15 MINUTES • CUISSON : 25 MINUTES

24 escargots cuits
50 g de poitrine de porc, hachée finement
50 g de chorizo à cuire, sans la peau, taillé en petits dés
1 tomate mûre à point, taillée en petits dés
2 cuillerées à soupe d'huile d'olive
1 oignon moyen, haché finement
1 gousse d'ail, hachée finement
1 petit piment frais, épépiné et haché finement
2 cuillerées à café de farine ordinaire
200 ml de vin blanc
200 ml de bouillon de bœuf

1 2

3 4

1	Faites chauffer l'huile dans une petite casserole. Faites-y fondre l'oignon pendant 7 minutes.	2	Ajoutez l'ail, le piment, la poitrine de porc, le chorizo et la tomate, et poursuivez la cuisson 5 minutes à feu moyen.
3	Ajoutez la farine en pluie, remuez puis versez le vin et le bouillon. Portez à ébullition puis réduisez le feu et laissez frémir 5 minutes.	4	Ajoutez les escargots et laissez cuire 5 minutes jusqu'à épaississement de la sauce. Servez ces escargots avec du riz ou du pain croustillant.

ESTOFADO DE CARNE

POUR 4 PERSONNES • PRÉPARATION : 30 MINUTES • CUISSON : 3 HEURES

500 g de paleron de bœuf ou de bœuf à braiser, taillé en dés de 1,5 cm
1 cuillerée à soupe de farine ordinaire
75 ml d'huile d'olive
75 g de poitrine fumée, taillée en lardons
3 cuillerées à soupe de xérès sec
1 oignon moyen, émincé
3 gousses d'ail hachées
1 cuillerée à soupe de paprika fumé doux
1 cuillerée à soupe de concentré de tomates
100 ml de vin rouge
150 ml de bouillon de bœuf
2 feuilles de laurier
Les feuilles de 2 brins de thym, ciselées
1 clou de girofle et 1 bâton de cannelle
1 cuillerée à café de filaments de safran
1 morceau d'écorce de citron
Sel et poivre noir

1 2
3 4

1	Salez et poivrez généreusement le bœuf puis tournez les morceaux dans la farine. Secouez la viande pour faire tomber l'excédent de farine.	2	Faites dorer les lardons dans 3 cuillerées à soupe d'huile d'olive. Ôtez les lardons et faites dorer le bœuf. Réservez le tout dans un bol.	
3	Versez le xérès dans la cocotte et remuez pour décoller les sucs pendant que le liquide bout. Versez cette sauce sur le bœuf et les lardons.	4	Chauffez le reste d'huile dans la cocotte puis faites-y fondre l'oignon et l'ail à feu très doux pendant 10 minutes.	➢

5	Ajoutez le paprika et le concentré de tomates. Remuez puis ajoutez le bœuf, les lardons, le vin rouge, le bouillon, le laurier, le thym, les épices, le safran et l'écorce de citron. Remuez et assaisonnez généreusement.	**ASTUCE** Complétez avec de l'eau bouillante, si nécessaire, de manière que la viande affleure.

6	Couvrez et laissez mijoter à feu très doux pendant 2 heures 30.	**REMARQUE** Du pain frais croustillant, une purée de pommes de terre ou du riz accompagneront ce plat à merveille.

AGNEAU EN CROÛTE D'HERBES

POUR 4 PERSONNES • PRÉPARATION : 10 MINUTES • CUISSON : 10 MINUTES

4 côtelettes d'agneau épaisses
100 g de chapelure blanche, fine
30 g de parmesan, râpé finement
Le zeste finement râpé de 2 citrons non traités
1 cuillerée à soupe de thym ciselé
1 cuillerée à soupe de persil plat, ciselé
30 g de farine ordinaire
1 œuf battu
3 cuillerées à soupe d'huile d'olive
Sel et poivre noir

AU PRÉALABLE :
Préchauffez le four à 200 °C.

1 2

3 4

1	Mélangez la chapelure, le parmesan, le zeste, le thym et le persil. Salez et poivrez. Versez la farine et l'œuf dans 2 coupelles distinctes.	2	Tournez les côtelettes dans la farine, puis dans l'œuf et enfin dans le mélange à la chapelure. Secouez la viande pour faire tomber l'excédent.
3	Faites dorer les côtelettes dans l'huile 2 minutes de chaque côté jusqu'à ce qu'elles soient dorées. Posez-les dans un plat à four.	4	Enfournez pour 4 minutes jusqu'à ce que la viande soit cuite. Servez ces côtelettes avec des pommes de terre et une mayonnaise à l'ail.

BOULETTES PORC & AGNEAU

POUR 10 BOULETTES • PRÉPARATION : 35 MINUTES • REPOS : 1 HEURE • CUISSON : 35 MINUTES

250 g de porc haché
250 g d'agneau haché
1 œuf légèrement battu
2 cuillerées à soupe de poudre d'amandes
2 cuillerées à soupe de chapelure sèche
3 gousses d'ail, hachées finement `
1 cuillerée à soupe bombée de menthe ciselée + un peu pour décorer
1 ½ cuillerée à café de cumin en poudre
1 cuillerée à café de sel marin
Une pincée de poivre noir
75 ml d'huile d'olive
1 gros oignon haché
800 ml de coulis de tomates
½ cuillerée à café de paprika fumé doux
1 cuillerée à soupe de concentré de tomates

1	Mélangez viandes, chapelure, œuf, poudre d'amandes, menthe, 2 gousses d'ail, cumin, sel et poivre. Placez 1 heure au frais.	2	Façonnez 10 boulettes. Faites-les dorer dans 3 cuillerées à soupe d'huile d'olive pendant 10 minutes, en les tournant de temps en temps.	
3	Chauffez le reste d'huile dans une poêle puis faites-y fondre l'oignon et la gousse d'ail restante à feu doux, pendant 8 à 10 minutes.	4	Ajoutez le coulis, le concentré de tomates et le paprika, laissez mijoter 10 minutes jusqu'à épaississement.	➤

5	Salez et poivrez. Ajoutez les boulettes de viande et faites mijoter 10 minutes en remuant de temps en temps jusqu'à ce que les boulettes soient cuites.	**VARIANTE** ❊ Vous pouvez remplacer l'agneau par du porc et la menthe par de la sauge.

6	Parsemez de menthe et servez.	**ASTUCE** Servez ces boulettes en sauce avec du riz ou du pain croustillant.

POITRINE DE PORC AUX AMANDES

POUR 4 PERSONNES • PRÉPARATION : 20 MINUTES • CUISSON : 2 HEURES

1 kg de poitrine de porc fraîche
200 g d'amandes mondées
600 ml de lait entier
1 cuillerée à soupe de paprika fumé doux
1 cuillerée à café de sel marin
8 g de beurre doux

1 échalote hachée très finement
1 gousse d'ail pelée
1 filet d'huile d'olive
3 cuillerées à soupe de crème fraîche
Huile à la truffe (facultatif)
Sel et poivre noir

AU PRÉALABLE :
Préchauffez le four à 180 °C.
Faites plusieurs entailles sur la peau de la poitrine.

1 2

3 4

1	Posez la viande sur une grille, dans un plat à rôtir. Versez une carafe d'eau bouillante sur la couenne. Jetez l'eau et épongez la viande.	2	Remettez la viande sur la grille, dans le plat à rôtir. Frottez la viande avec le paprika et le sel. Enfournez pour 2 heures.	
3	Faites revenir l'échalote 2 minutes dans le beurre. Ajoutez le lait, les amandes et l'ail. Laissez cuire 30 minutes.	4	Mixez bien les amandes, l'échalote, l'ail, 3 cuillerées à soupe de lait et l'huile d'olive. Rajoutez du lait si besoin.	➢

5	Reversez cette préparation dans la casserole, ajoutez la crème et éventuellement quelques gouttes d'huile à la truffe puis assaisonnez généreusement. Réservez.	**ASTUCE** Surveillez le lait frémissant et ajustez le feu si nécessaire pour ne pas qu'il déborde.

6	Taillez la viande en tranches épaisses et nappez-la de purée d'amandes.	**VARIANTE** Mixez du chou-fleur cuit avec les amandes et l'échalote ou incorporez cette préparation à une purée de pommes de terre bien crémeuse.

CROQUETAS DE JAMÓN

POUR 18 CROQUETTES • PRÉPARATION : 25 MINUTES • CUISSON : 40 MINUTES • REPOS : 3 HEURES

125 g de jambon Serrano, taillé en petits morceaux
500 ml de lait entier
2 feuilles de laurier
10 grains de poivre noir
½ oignon
85 g de beurre
1 cuillerée à soupe d'huile d'olive
70 g de farine ordinaire + 4 cuillerées à soupe
2 œufs battus
250 g de chapelure blanche sèche très fine
1 litre d'huile de tournesol pour la cuisson
Une pincée de sel marin

1 2

3 4

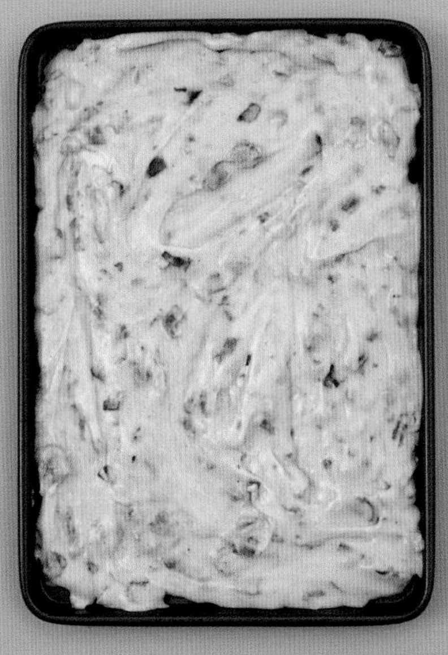

1	Amenez doucement le lait à ébullition avec le laurier, le poivre et l'oignon. Retirez la casserole du feu et laissez infuser 1 heure avant de filtrer.	2	Faites cuire le jambon dans le beurre et l'huile d'olive 3 minutes. Ajoutez la farine et le sel, et fouettez jusqu'à ce que le mélange soit lisse.	
3	Réduisez le feu et versez le lait peu à peu en remuant. Laissez cuire 5 minutes, sans cesser de remuer : le mélange doit être épais et lisse.	4	Versez le mélange dans un plat à four ou dans un moule et laissez refroidir.	➢

5	Avec 2 cuillères, prélevez des boulettes de pâte et façonnez des petites navettes que vous poserez sur une assiette.	**ASTUCE** La préparation doit être relativement épaisse, suffisamment en tout cas pour être éventuellement façonnée à la main.

6	Versez les œufs battus dans un bol et répartissez les 4 cuillerées à soupe de farine et la chapelure dans 2 assiettes distinctes. Tournez les croquettes dans la farine puis dans l'œuf et, enfin, dans la chapelure.	**REMARQUE** La chapelure doit avoir été réalisée avec du pain rassis. Si vous n'en avez pas, faites sécher quelques tranches de pain frais dans un four à 50 °C pendant 30 minutes. Le pain doit sécher sans se colorer.	➢

7	Faites chauffer l'huile dans une grande casserole à feu moyen-vif. Faites-y cuire les croquettes (4 à la fois) jusqu'à ce qu'elles soient dorées. Sortez les croquettes avec une écumoire et posez-les sur du papier absorbant.	**ASTUCE** Entre deux cuissons, retirez toute parcelle de panure égarée dans l'huile pour éviter qu'elle ne brûle.

8	Servez chaud ou à température ambiante.	**VARIANTE** Remplacez le jambon par de la chair de crabe, des morceaux de filet de cabillaud, du thon, du fromage, du poulet, des champignons ou de la purée de pommes de terre.

CHORIZOS ET SAUCE AU VIN

POUR 4 PERSONNES EN ENTRÉE • PRÉPARATION : 5 MINUTES • MARINADE : 2 HEURES • CUISSON : 20 MINUTES

500 g de chorizo à cuire
1 brin de romarin
500 ml de vin rouge
1 cuillerée à soupe d'huile d'olive
1 oignon, haché finement
2 gousses d'ail, hachées finement
Sel et poivre noir

AU PRÉALABLE :
Faites mariner les chorizos et le romarin dans le vin rouge pendant 2 heures. Égouttez, sortez le romarin et réservez le vin rouge.

1 2

3 4

1	Faites revenir les chorizos dans l'huile à feu moyen pendant 8 minutes jusqu'à ce qu'ils croustillent. Sortez-les de la poêle et réservez.	2	Réduisez le feu, mettez l'oignon dans la poêle, assaisonnez et faites fondre pendant 8 minutes. Ajoutez l'ail et faites cuire encore 2 minutes.
3	Ajoutez le vin de la marinade et laissez-le bouillonner environ 5 minutes à feu moyen jusqu'à ce que la sauce ait réduit et épaissi.	4	Coupez les chorizos en tranches épaisses en diagonale, nappez-les de sauce. Réchauffez-les quelques minutes. Servez avec du pain.

RAGOÛT DE HARICOTS AU PORC

POUR 4 À 6 PERSONNES • PRÉPARATION : 15 MINUTES • TREMPAGE : 1 NUIT • CUISSON : 2 HEURES 30

500 g de gros haricots blancs secs
1 petit jambonneau
200 g de poitrine de porc fumée
4 chorizos à cuire
4 morcillas (boudin noir espagnol)
20 g de beurre
½ cuillerée à café de filaments de safran

AU PRÉALABLE :
La veille, laissez tremper les haricots dans de l'eau toute la nuit. Égouttez-les.

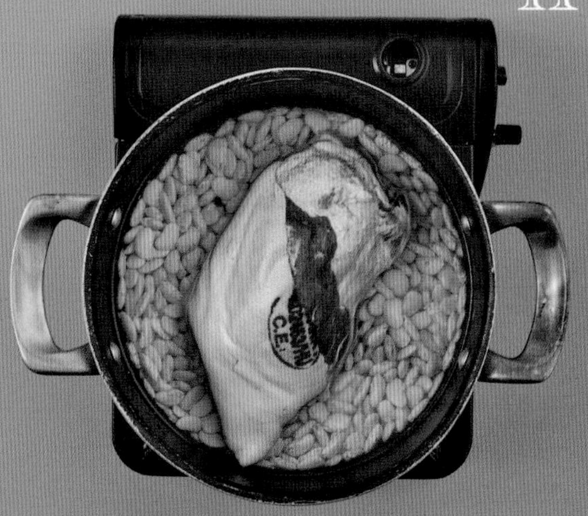

1 2

3 4

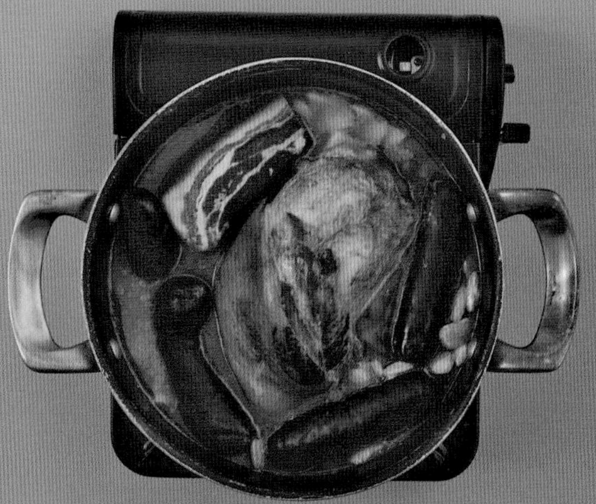

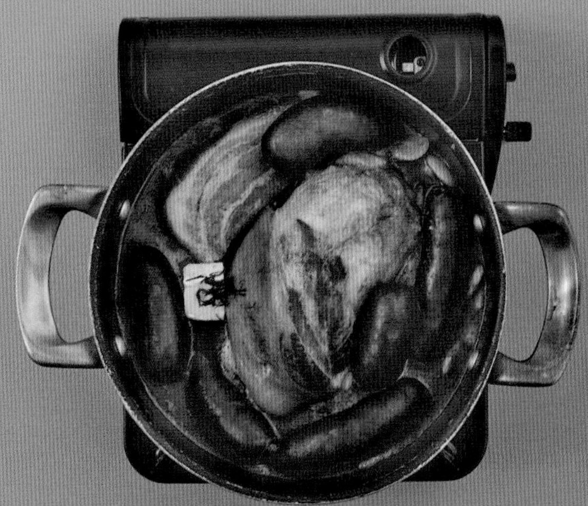

1	Mettez les haricots dans une cocotte. Versez de l'eau jusqu'à 5 cm au-dessus des haricots. Portez à ébullition, en retirant l'écume.	2	Baissez le feu, ajoutez le jambonneau, couvrez et laissez frémir 1 heure. Remuez de temps en temps. Ajoutez de l'eau bouillante si besoin.	
3	Ajoutez le morceau de poitrine et les chorizos, en les poussant dans les haricots. Faites cuire 30 minutes à découvert.	4	Ajoutez le beurre et le safran. Déposez le boudin et laissez mijoter 40 minutes, sans couvrir. Laissez reposer 10 minutes.	➢

5	Sortez la viande de la cocotte. Morcelez le jambonneau, coupez la poitrine, les chorizos et les boudins en tranches.	**REMARQUE** Le boudin peut se décomposer facilement (sa peau fine a tendance à éclater à la cuisson) : sortez-le donc de la cocotte avec précaution.

6

Répartissez les haricots et les morceaux de viande dans des assiettes creuses. Arrosez avec le bouillon.

ASTUCE

S'il y a trop de liquide dans la cocotte en fin de cuisson, faites bouillir la préparation pendant quelques minutes pour que la sauce réduise.

42

CANARD AUX POIRES

POUR 4 PERSONNES • PRÉPARATION : 15 MINUTES • CUISSON : 1 HEURE 30

4 cuisses de canard assaisonnées, la peau entaillée
2 grosses poires pelées, coupées en quartiers
125 ml d'huile d'olive
1 oignon moyen, haché finement
1 carotte, coupée en petits dés
1 branche de céleri, coupée en petits morceaux
300 ml de bouillon de poule (recette 06)
1 portion de sauce pignons, ail et persil (recette 03)
Le quart d'un bâton de cannelle
Les feuilles de 2 brins de thym
15 g de raisins secs

AU PRÉALABLE :
Préchauffez le four à 180 °C.

1	Faites revenir les cuisses, côté peau, dans 1 cuillerée à soupe d'huile d'olive, 5 minutes. Tournez la viande et faites cuire 1 minute.	2	Faites revenir, dans 2 cuillerées à soupe de gras, les légumes 7 minutes. Ajoutez le bouillon, la cannelle et le thym puis portez à ébullition.	
3	Disposez le canard dans un plat à four. Versez le bouillon sur le canard, glissez le plat dans le four et faites cuire 1 heure.	4	Faites cuire les poires dans le reste d'huile jusqu'à ce qu'elles soient légèrement dorées. Réservez.	➢

5	Au bout d'une heure, sortez le canard du four et mélangez la sauce aux pignons avec les sucs de cuisson. Ajoutez les poires et les raisins secs. Remettez 15 minutes dans le four.	**ASTUCE** Quand vous ajoutez les poires et la sauce aux pignons, veillez à bien arroser le canard pour qu'il reste moelleux.

		ACCOMPAGNEMENT
6	Servez les cuisses dans des assiettes creuses, nappées de sauce.	À déguster avec une purée de pommes de terre pour absorber la sauce…

POULET ET SAUCE AU SAFRAN

→ POUR 4 À 6 PERSONNES • PRÉPARATION : 15 MINUTES • CUISSON : 55 MINUTES ←

1 poulet entier, coupé en 8 morceaux
75 ml d'huile d'olive
30 g de pain blanc rassis
2 gousses d'ail, pelées
300 ml de bouillon de poule chaud (recette 06)

125 ml de xérès sec
½ cuillerée à café de filaments de safran dilués dans un peu d'eau chaude
2 feuilles de laurier
1 cuillerée à soupe de feuilles de thym
150 g d'amandes mondées

1 cuillerée à soupe de persil ciselé + un peu pour décorer
Sel et poivre noir

AU PRÉALABLE :
Préchauffez le four à 150 °C.

1	Dans une sauteuse allant au four, faites revenir l'ail et le pain dans 2 cuillerées à soupe d'huile jusqu'à ce qu'ils soient dorés. Réservez.	2	Faites dorer le poulet en plusieurs fois dans 2 cuillerées à soupe d'huile, à feu moyen. Sortez la viande de la sauteuse et réservez.	
3	Ajoutez le xérès. Décollez les sucs. Ajoutez le bouillon, le safran, le laurier et le thym. Remuez. Remettez le poulet et laissez mijoter.	4	Mixez les amandes en miettes. Ajoutez le pain, l'ail, le reste d'huile et un peu de bouillon pour obtenir une sauce.	➢

5	Versez la sauce sur le poulet et remuez soigneusement. Rectifiez l'assaisonnement. Fermez la sauteuse avec un couvercle ou un morceau de papier d'aluminium, glissez la sauteuse dans le four et faites cuire 30 minutes.	**REMARQUE** Quand vous faites dorer l'ail et le pain, vous devrez peut-être sortir l'ail avant le pain pour éviter qu'il ne brûle.

6	Servez les morceaux de poulet nappés de sauce et parsemés de persil ciselé.	**VARIANTE** La sauce aux amandes est également délicieuse avec du porc.

RAGOÛT CATALAN

POUR 6 À 8 PERSONNES • PRÉPARATION : 30 MINUTES • TREMPAGE : 1 NUIT • CUISSON : 2 HEURES 15

500 g de poitrine de bœuf
2 cuisses de poulet
1 jambonneau et 1 pied de porc
250 g de poitrine de porc fumée
2 chorizos, environ 150 g
1 morcilla (boudin noir espagnol)
250 g de chou vert, taillé en grosses lanières
500 g de pois chiches secs, mis à tremper toute une nuit et égouttés
6 petites pommes de terre nouvelles
2 grosses carottes, coupées en 4 tronçons chacune
6 gousses d'ail
½ oignon piqué avec 1 clou de girofle
2 feuilles de laurier
10 grains de poivre noir
½ cuillerée à café de filaments de safran
100 g de vermicelle

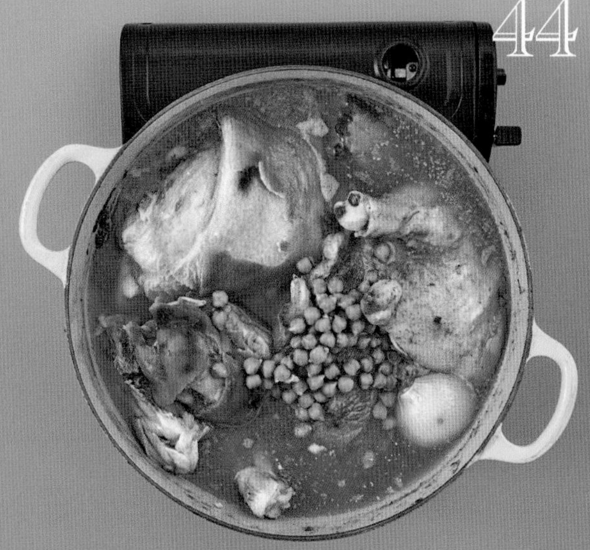

1 2
3 4

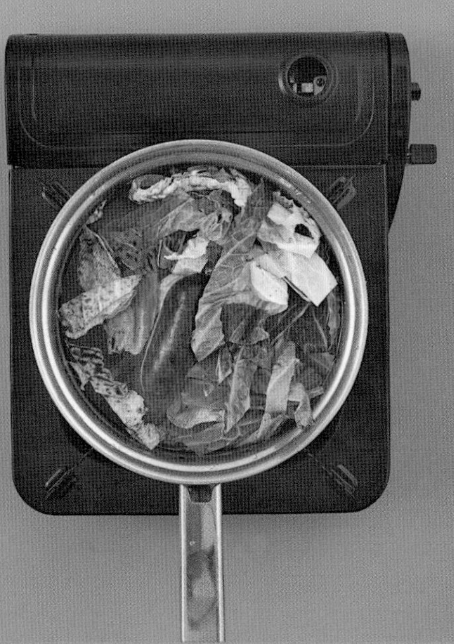

1	Mettez les poitrines, le poulet, le jambonneau et le pied de porc dans une cocotte. Ajoutez ail, oignon, laurier et poivre. Couvrez d'eau.	2	Portez doucement à ébullition en écumant souvent puis ajoutez les pois chiches. Laissez mijoter à feu doux pendant 1 heure 30.	
3	Cuisez les pommes de terre, les carottes et les chorizos dans de l'eau 20 minutes. Ajoutez le chou vert et le boudin, laissez cuire 5 minutes.	4	Prélevez 2 litres du bouillon de la viande (filtré), faites bouillir avec le safran. Jetez le vermicelle et faites cuire 8 minutes.	➢

5	Égouttez les légumes, les chorizos et le boudin, et disposez-les sur un plat de service. Tranchez la viande, en éliminant les os, et posez les morceaux sur un autre plat avec les pois chiches.	**PRATIQUE** Si vous n'avez pas le temps de faire tremper les pois chiches toute une nuit, utilisez des pois chiches en conserve.

6

Versez le bouillon et le vermicelle dans une soupière que vous poserez sur la table avec les plats de viande et de légumes.

REMARQUE

Dans certaines régions d'Espagne, le bouillon au vermicelle est servi en entrée, avant la viande et les légumes.

LES POISSONS

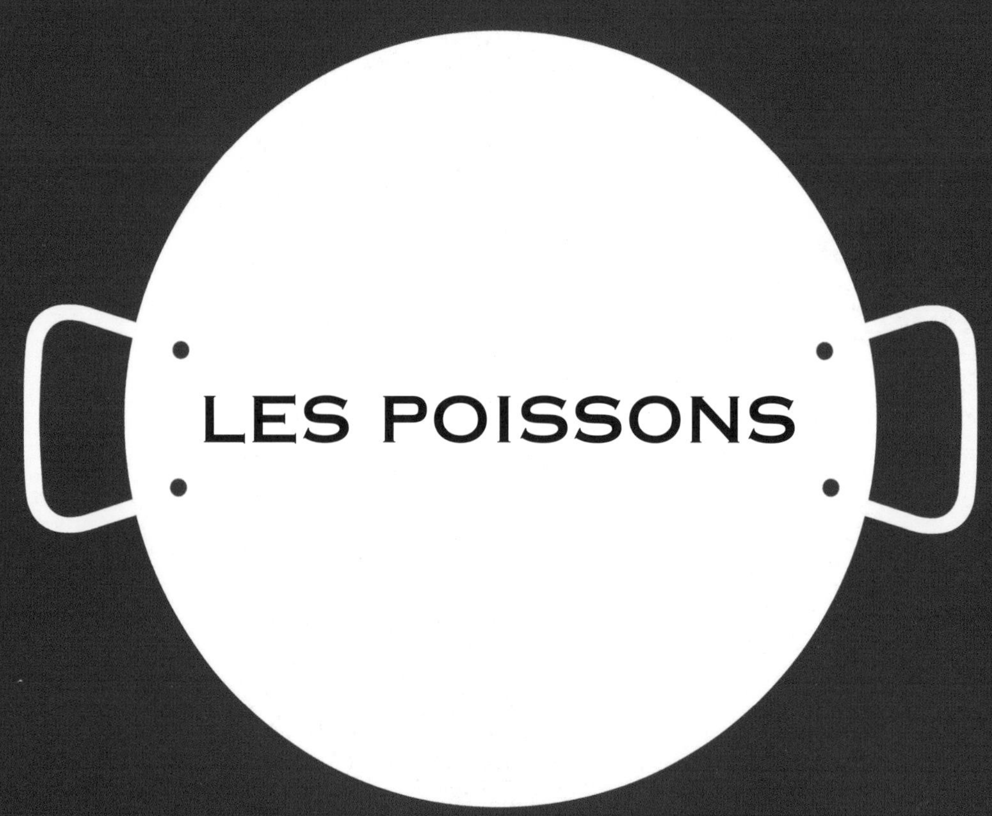

5

CABILLAUD ET LENTILLES

POUR 4 PERSONNES • PRÉPARATION : 15 MINUTES • CUISSON : 30 MINUTES

4 pavés de cabillaud avec la peau, bien assaisonnés
4 tranches de jambon Serrano
250 g de lentilles brunes
3 gousses d'ail
4 brins de persil
1 feuille de laurier
3 cuillerées à soupe de bouillon de poule
2 cuillerées à soupe de vinaigre de Xérès
1 cuillerée à soupe de vinaigre de vin rouge
90 ml d'huile d'olive + de l'huile pour frire le jambon
1 cuillerée à café de miel liquide
3 tomates mûres à point pelées, épépinées et hachées
2 oignons blancs, émincés
Sel et poivre noir

1 2

3 4

1	Mettez les lentilles, l'ail, le persil et le laurier dans une casserole. Couvrez d'eau, portez à ébullition. Laissez cuire 20 minutes à feu doux.	2	Préparez la sauce : chauffez sur feu doux le bouillon, les vinaigres, le miel et 3 cuillerées à soupe d'huile d'olive.	
3	Versez la sauce sur les lentilles puis ajoutez les tomates et les oignons. Assaisonnez généreusement, remuez, couvrez et réservez.	4	Faites cuire les pavés dans l'huile restante, 4 minutes de chaque côté. Réservez-les au chaud.	➢

5	Faites chauffer 1 cm d'huile dans une petite casserole. Quand elle est sur le point de fumer, faites-y frire le jambon jusqu'à ce qu'il croustille. Sortez-le de l'huile avec une écumoire et posez-le sur du papier absorbant.	**ASTUCE** Sortez l'ail, les brins de persil et le laurier des lentilles avant de servir.

6	Servez les pavés de cabillaud sur un lit de lentilles et finissez avec le jambon croustillant.	**VARIANTE** Vous pouvez ajouter des dés de chorizo poêlés aux lentilles, avec le gras libéré pendant la cuisson, avant d'ajouter la sauce.

COLIN AUX CREVETTES

POUR 4 PERSONNES • PRÉPARATION : 15 MINUTES • CUISSON : 20 MINUTES

4 morceaux de colin, bien assaisonnés des deux côtés
75 g de petits pois surgelés
8 grosses crevettes crues, décortiquées (sauf la queue), déveinées
4 cuillerées à soupe d'huile d'olive
2 gousses d'ail
4 cuillerées à soupe bombées de persil plat ciselé + un peu pour décorer
2 cuillerées à soupe de farine ordinaire
Un trait de jus de citron
2 échalotes hachées finement
150 ml de vin blanc sec
150 ml de fumet de poisson (recette 05)

AU PRÉALABLE :
Préchauffez le four à 180 °C.

1 2

3 4

1	Faites chauffer 2 cuillerées à soupe d'huile dans une poêle puis faites-y dorer l'ail.	2	Hors du feu, sortez l'ail avec une écumoire et mettez-le dans un mortier. Ajoutez le persil et pilez l'ensemble jusqu'à l'obtention d'une pâte.	
3	Fariner légèrement le colin. Faites-le dorer 1 minute de chaque côté puis mettez-le dans un plat à four. Arrosez avec le jus de citron.	4	Faites fondre les échalotes dans le reste d'huile. Ajoutez la farine puis le vin, le fumet, les petits pois et la pâte à l'ail.	➢

5	Versez la préparation sur le poisson, immergez-y les crevettes et faites cuire 15 minutes au four jusqu'à ce que les crevettes soient cuites.	**VARIANTE** À la place des crevettes, vous pouvez utiliser des palourdes que vous mettrez dans le plat à four 3 à 4 minutes avant la fin de la cuisson. Le plat est prêt lorsque le poisson est cuit et que les palourdes se sont ouvertes.

6	Servez le poisson dans des assiettes creuses avec les crevettes et la sauce. Parsemez de persil ciselé.	**CONSEIL** Excellent également avec des filets de cabillaud ou de turbot.

SARDINES AU VIN ET À L'AIL

POUR 6 PERSONNES • PRÉPARATION : 15 MINUTES • CUISSON : 15 MINUTES

1,5 kg de sardines fraîches vidées, écaillées, désarêtées et étêtées
75 ml d'huile d'olive + un filet pour huiler le plat
3 gousses d'ail, hachées finement
2 cuillerées à soupe de persil plat ciselé
Le jus de ½ citron
125 ml de vin blanc sec
3 cuillerées à soupe de chapelure sèche
30 g de beurre, coupé en petits dés
Sel et poivre noir

AU PRÉALABLE :
Préchauffez le four à 180 °C.

1 2

3 4

1	Huilez un plat à four. Salez et poivrez les sardines, à l'intérieur également, puis disposez-les dans le plat, sans les superposer.	2	Parsemez les sardines d'ail haché et de persil ciselé. Arrosez avec le jus de citron, le vin et l'huile d'olive.
3	Répartissez la chapelure et les dés de beurre sur le poisson.	4	Faites cuire 15 minutes au four, en arrosant de temps en temps les sardines avec le liquide de cuisson. Servez, dès la sortie du four.

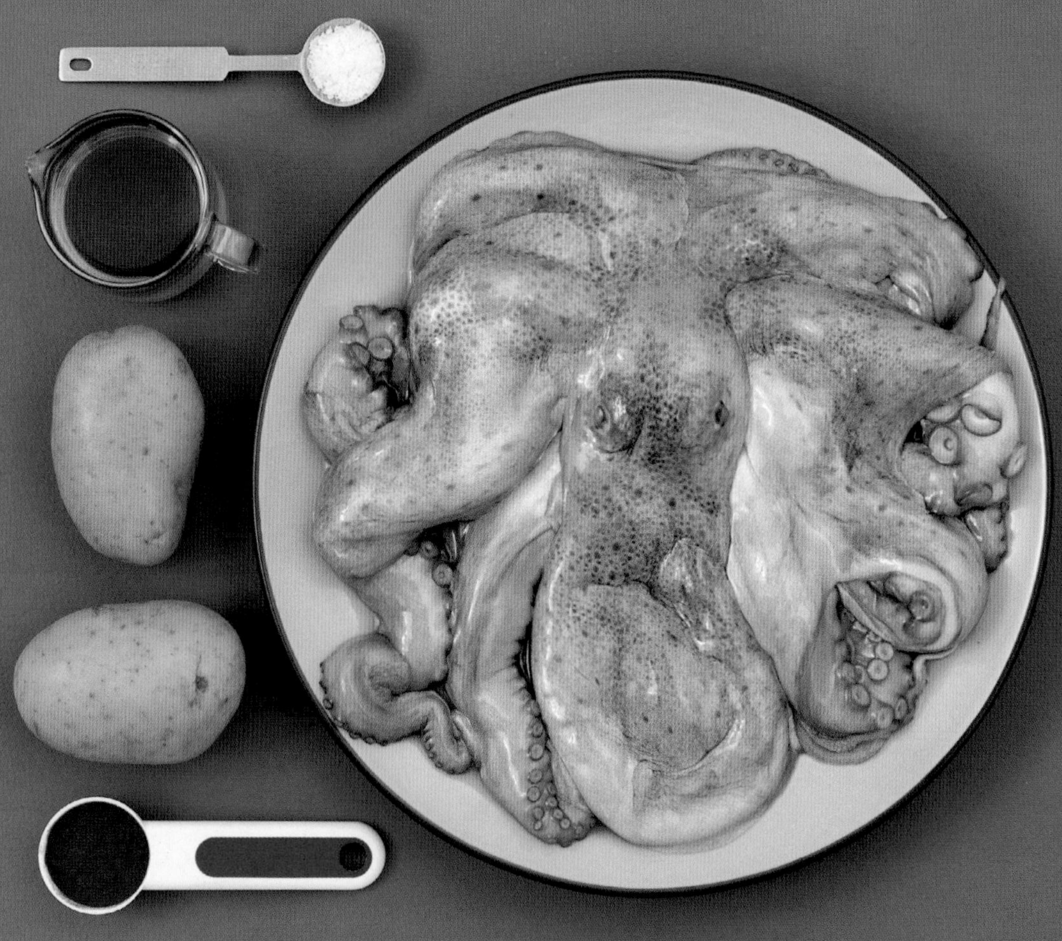

POULPE AU PAPRIKA

POUR 4 PERSONNES EN ENTRÉE OU EN TAPAS • PRÉPARATION : 15 MINUTES • CUISSON : 50 MINUTES

1 poulpe surgelé de 1 kg, décongelé
2 grosses pommes de terre à chair ferme, pelées et coupées en deux
150 ml d'huile d'olive
1 cuillerée à soupe de paprika fumé hot + une pincée à la fin
Sel marin

REMARQUE :
Quand le poulpe est cuit, égouttez-le puis rincez-le sous l'eau froide. Enlevez, par endroits, tout excès de peau rouge.

1 2

3 4

1	Plongez le poulpe dans une grande quantité d'eau bouillante. Laissez mijoter 35 minutes : la chair doit être tendre.	2	Égouttez, rincez et retirez les peaux rouges. Coupez le poulpe en morceaux, arrosez avec 125 ml d'huile et saupoudrez de paprika.
3	Faites cuire les pommes de terre. Égouttez-les puis coupez-les en rondelles de 1 cm d'épaisseur. Arrosez-les du reste d'huile. Salez.	4	Disposez les pommes de terre sur un plat, puis recouvrez-les de morceaux de poulpe. Finissez avec du sel et une pointe de paprika.

CALMARS FRITS

POUR 4 PERSONNES • PRÉPARATION : 20 MINUTES • CUISSON : 15 MINUTES

800 g de calmars nettoyés et taillés en anneaux de 1 cm
115 g de farine ordinaire
2 cuillerées à café de paprika fumé doux
Huile de tournesol pour la cuisson
1 citron coupé en quartiers
Sel et poivre noir

REMARQUE :
Faites chauffer l'huile (étape 3) à 180 °C : l'huile est à température si un morceau de pain y dore en 30 secondes.

1 2

3 4

1	Mélangez la farine et le paprika dans un grand bol. Assaisonnez généreusement.	2	Tournez les anneaux de calmars dans ce mélange. Transvasez-les dans une passoire et secouez pour faire tomber l'excédent de farine.
3	Versez l'huile de tournesol dans une casserole à fond épais (il faut qu'il y ait 4 cm d'huile dans le récipient). Faites chauffer à 180 °C.	4	Faites frire les calmars en plusieurs fois 1 minute. Servez-les bien dorés avec du citron et une mayonnaise à l'ail (recette 01).

EMPANADAS DE LA MER

POUR 12 CHAUSSONS • PRÉPARATION : 45 MINUTES • REPOS : 1 HEURE • CUISSON : 1 HEURE

PÂTE :
500 g de farine ordinaire tamisée
1 cuillerée à café de levure à action rapide
1 cuillerée à café de sel
1 cuillerée à café de paprika fumé doux
20 cl d'eau chaude et 10 cl d'huile d'olive

FARCE :
400 g de poisson et fruits de mer cuits
1 œuf battu
60 cl de coulis de tomates
1 gros oignon haché finement
2 gousses d'ail hachées finement
2 cuillerées à soupe d'huile d'olive
1 ½ cuillerée à café de paprika fumé doux
1 pincée de sucre en poudre
12,5 cl de vin rouge
Sel et poivre noir

1 2

3 4

1	Dans une terrine, mélangez farine, levure, sel et paprika. Faites un puits et versez-y l'eau et l'huile. Mélangez avec une fourchette.	2	Pétrissez la pâte 5 minutes jusqu'à ce qu'elle soit lisse. Remettez-la dans la terrine, couvrez et laissez reposer 1 heure.	
3	Faites fondre l'oignon dans l'huile, à feu doux, pendant 15 minutes, avec l'ail et une pincée de sel.	4	Ajoutez le coulis, le paprika, le sucre et le vin. Faites cuire 15 minutes. Ajoutez poisson et fruits de mer, assaisonnez.	

5	Préchauffez le four à 190 °C. Sur un plan de travail fariné, étalez la pâte au rouleau sur une épaisseur de 2 mm. Découpez à l'emporte-pièce des disques de pâte de 14 cm de diamètre.	**ASTUCE** Si vous n'avez pas d'emporte-pièce, utilisez une assiette et un petit couteau bien tranchant.

6	Déposez 1 cuillerée à soupe bombée de farce sur la moitié de chaque disque. Badigeonnez le pourtour avec de l'eau. Repliez la pâte en enfermant la farce.	**REMARQUE** En mouillant le pourtour avec de l'eau, les bords seront bien soudés, empêchant les chaussons de s'ouvrir à la cuisson.	➢

7	Soudez les bords en les pressant avec les dents d'une fourchette puis badigeonnez les chaussons d'œuf battu. Répétez l'opération avec le reste de pâte.	**ASTUCE** Pour que l'équilibre soit parfait entre la pâte et la farce, il faut que la pâte soit étalée très finement. Vous y arriverez mieux en faisant deux pâtons que vous abaisserez séparément.

8 Posez les chaussons sur une plaque et faites cuire 25 minutes au four jusqu'à ce qu'ils soient dorés. Servez ces chaussons, chauds ou froids.

CONSEIL

Pour le mélange de poissons et fruits de mer, vous pouvez utiliser du thon en boîte, des crevettes, du poulpe ou des filets de poissons.

VARIANTE PIQUANTE

Pour des chaussons plus « explosifs », ajoutez ½ cuillerée à café de piment en paillettes dans le coulis de tomates.

SEICHES FARCIES

POUR 6 PERSONNES • PRÉPARATION : 15 MINUTES • CUISSON : 35 MINUTES

6 grosses seiches, nettoyées
60 g de jambon Serrano
90 ml de vin rouge
4 tranches de pain blanc rassis, écroûtées et taillées en dés
2 tomates, coupées en dés
4 cuillerées à soupe d'huile d'olive
4 oignons blancs, émincés
3 gousses d'ail, hachées finement
1 petit bouquet de persil plat, ciselé
1 pincée de poivre de Cayenne
500 ml de coulis de tomates
Les feuilles d'un brin de thym, ciselées
Sel et poivre noir

AU PRÉALABLE :
Coupez les têtes des seiches, jetez-les. Détachez les tentacules, coupez-les en dés.

1 2

3 4

1	Versez le vin sur le pain et remuez soigneusement. Réservez.	2	Faites revenir les oignons et l'ail dans 2 cuillerées à soupe d'huile. Ajoutez le jambon et les tentacules puis faites cuire 5 minutes.	
3	Ajoutez le pain essoré. Remuez. Faites cuire 3 minutes puis ajoutez le persil et le poivre de Cayenne. Assaisonnez.	4	Farcissez les seiches avec la préparation persillée et maintenez les poches fermées avec deux bâtonnets en bois croisés.	➢

5	Faites chauffer le reste d'huile dans une cocotte avec couvercle puis faites-y dorer légèrement les seiches farcies. Ajoutez les dés de tomates, le coulis et le thym ciselé.	**ASTUCE** Évitez les petites seiches, plus difficiles à farcir. À défaut de grosses seiches, prenez-en 12 moyennes.

6	Couvrez et laissez mijoter environ 20 minutes à feu doux jusqu'à ce que les seiches soient tendres. Servez ces seiches farcies avec du pain croustillant pour saucer.	**REMARQUE** Ne vous en faites pas si un peu de farce s'échappe des seiches : la sauce n'en sera que meilleure.

52

CALAMARES EN SU TINTA

POUR 4 PERSONNES • PRÉPARATION : 15 MINUTES • CUISSON : 15 MINUTES

500 g de calmars nettoyés, taillés en lanières de 2,5 cm
6 petits sachets d'encre de seiche (1 grosse cuillerée à soupe)
1 gros oignon, haché finement
3 gousses d'ail, hachées
1 tomate mûre à point, pelée et taillée en dés
125 ml de coulis de tomates
150 ml de vin blanc
90 ml d'huile d'olive
Sel et poivre noir

1	Faites fondre l'oignon dans la moitié de l'huile 7 minutes à feu doux. Ajoutez l'ail et laissez cuire encore 3 minutes, en remuant souvent.	2	Ajoutez la tomate et remuez, puis versez le coulis, le vin et l'encre. Laissez mijoter 3 minutes, salez, poivrez et réservez.
3	Faites chauffer le reste d'huile dans une autre poêle puis faites-y revenir les calmars à feu vif pendant 1 minute.	4	Ajoutez la sauce à l'encre, portez à ébullition et laissez bouillir 1 minute. Servez du riz ou des pommes de terre en accompagnement.

53

PÂTES DE LA MER

POUR 6 PERSONNES • PRÉPARATION : 25 MINUTES • CUISSON : 15 MINUTES • REPOS : 5 MINUTES

175 g de calmars, taillés en anneaux
175 g de crevettes crues, décortiquées et déveinées
300 g de vermicelle
3 filets d'anchois à l'huile, hachés
½ poivron rouge, coupé en petits morceaux
2 tomates mûres à point, pelées et taillées en dés
2 gousses d'ail, hachées finement
1 litre de fumet de poisson (recette 05)
½ cuillerée à café de filaments de safran
4 cuillerées à soupe d'huile d'olive

AU PRÉALABLE :

Utilisez une poêle à paella de 38 cm de diamètre.

1 2
3 4

1	Faites revenir les calmars et les crevettes dans l'huile 2 minutes sur feu vif, puis sortez-les de la poêle avec une écumoire. Baissez le feu.	2	Faites revenir les anchois, les tomates, le poivron et l'ail, pendant 2 minutes. Ajoutez le fumet et le safran puis portez à ébullition.
3	Jetez le vermicelle dans le liquide bouillant et laissez frémir 7 minutes. Ajoutez les calmars et les crevettes puis faites cuire 2 minutes.	4	Retirez la poêle du feu, couvrez et laissez reposer 5 minutes avant de servir.

CREVETTES AU PIMENT

POUR 4 PERSONNES EN ENTRÉE • PRÉPARATION : 10 MINUTES • CUISSON : 10 MINUTES

750 g de grosses crevettes crues, décortiquées (sauf la queue) et déveinées
185 ml d'huile d'olive
6 gousses d'ail hachées finement
2 cuillerées à café de piment en paillettes
1 filet de xérès sec
1 trait de jus de citron
1 cuillerée à café de paprika fumé doux
2 cuillerées à soupe de persil plat ciselé
Du pain croustillant, pour servir

1 2

3 4

1	Versez l'huile dans une poêle à fond épais ou dans une sauteuse en terre cuite. Faites chauffer à feu moyen-doux.	2	Ajoutez l'ail et le piment, et faites cuire jusqu'à ce que l'ail commence à se colorer et que l'huile grésille. Ne laissez pas l'ail brûler.
3	Augmentez le feu (feu vif) et ajoutez les crevettes, le xérès, le citron et le paprika. Faites cuire 2 à 3 minutes en remuant.	4	Hors du feu, ajoutez le persil et servez bien chaud avec du pain croustillant pour saucer.

BEIGNETS AUX CREVETTES

POUR 12 BEIGNETS • PRÉPARATION : 10 MINUTES • REPOS : 1 HEURE • CUISSON : 6 MINUTES

250 g de crevettes cuites, décortiquées et hachées finement
225 g de farine de pois chiches
½ cuillerée à café de levure chimique
½ cuillerée à café de paprika fumé doux
1 cuillerée à soupe de persil plat ciselé
2 oignons blancs, émincés
Huile d'olive pour la cuisson
Sel marin
Quartiers de citron

1 2

3 4

1	Mélangez la farine, la levure, le paprika, le persil, les oignons, du sel et 250 ml d'eau. Couvrez et placez 1 heure au réfrigérateur.	2	Versez les crevettes hachées dans la pâte et remuez soigneusement.
3	Faites chauffer 4 cm d'huile. Quand elle est sur le point de fumer, déposez-y 4 cuillerées à soupe de pâte et laissez cuire 2 minutes.	4	Sortez les beignets avec une écumoire. Salez-les et servez-les avec des quartiers de citron et une mayonnaise à l'ail (recette 01).

MOULES À LA VINAIGRETTE

POUR 4 PERSONNES • PRÉPARATION : 15 MINUTES • CUISSON : 2 À 3 MINUTES

1 kg de moules fraîches
1 poivron rouge, coupé en petits dés
1 poivron vert, coupé en petits dés
2 oignons blancs, émincés
150 g de tomate râpée, sans la peau
125 ml de vin blanc

1 gousse d'ail, hachée finement
2 cuillerées à soupe de vinaigre de Xérès
4 cuillerées à soupe d'huile d'olive
2 cuillerées à soupe de persil plat ciselé
Sel et poivre noir
Un trait de jus de citron

AU PRÉALABLE :

Lavez soigneusement les moules à l'eau froide et ébarbez-les. Éliminez les moules ouvertes ainsi que les cassées.

1 2

3 4

1	Faites frémir le vin dans une cocotte. Versez les moules et couvrez. Faites-les cuire à feu vif 2 à 3 minutes jusqu'à ce qu'elles s'ouvrent.	2	Égouttez et réservez le liquide de cuisson. Posez les moules dans une demi-coquille sur une assiette.
3	Fouettez l'ail, le vinaigre, l'huile et 2 cuillerées à soupe du liquide de cuisson. Ajoutez poivrons, oignons, tomate et persil. Assaisonnez.	4	Répartissez la vinaigrette sur les moules, versez un trait de jus de citron. Servez à température ambiante avec du pain croustillant.

RAGOÛT TRADITIONNEL

POUR 4 À 6 PERSONNES • PRÉPARATION : 15 MINUTES • CUISSON : 35 MINUTES • REPOS : 1 HEURE

1 kg de filets de poisson blanc à chair ferme (lotte, bar, flétan ou saint-pierre)
4 grosses crevettes crues, décortiquées (sauf la queue) et déveinées
8 moules fraîches, lavées et ébarbées (jetez celles qui sont ouvertes ou cassées)
1 tomate mûre à point, râpée, sans la peau
500 g de pommes de terre à chair ferme, coupées en tranches épaisses
500 ml de fumet de poisson (recette 05)
4 cuillerées à soupe d'huile d'olive
3 gousses d'ail
1 gros oignon haché finement
1 piment séché, épépiné et haché
1 portion de sauce pignons, ail et persil (recette 03)
Pain croustillant pour servir
Sel et poivre noir

1 2

3 4

1	Faites chauffer 2 cuillerées à soupe d'huile dans une sauteuse puis faites-y dorer l'ail à feu moyen. Sortez l'ail et réservez.	2	Assaisonnez le poisson, taillez-le en morceaux de 5 cm. Faites cuire en plusieurs fois, à feu moyen, 2 minutes de chaque côté. Réservez.	
3	Réduisez un peu le feu, faites revenir l'oignon et le piment 8 minutes dans le reste d'huile. Ajoutez la tomate et faites cuire 5 minutes.	4	Ajoutez fumet, pommes de terre, sel, poivre, cuisez 10 minutes. Ajoutez crevettes et moules, cuisez 3 minutes.	➢

5	Incorporez délicatement la sauce aux pignons et faites cuire encore 3 minutes jusqu'à ce que la sauce ait épaissi, que les moules se soient ouvertes et que le poisson et les crevettes soient cuits.	**ASTUCE** Pour râper la tomate, tranchez une des extrémités puis râpez la tomate en posant la partie tranchée contre la râpe. La peau restera sur la râpe tandis que la pulpe tombera dans le bol.

6	Retirez la sauteuse du feu, goûtez et rectifiez l'assaisonnement. Laissez reposer 1 minute avant de servir avec du pain croustillant.	**REMARQUE** Quand vous versez le fumet, vous devrez peut-être compléter avec de l'eau bouillante de manière que les légumes soient immergés.

SOUPE DE LOTTE

➻ POUR 4 PERSONNES • PRÉPARATION : 20 MINUTES • MARINADE : 2 À 4 HEURES • CUISSON : 40 MINUTES ➻

500 g de filets de lotte, taillés en dés de 2 cm
2 pommes de terre, pelées et taillées en bâtonnets
1 oignon, haché finement
2 gousses d'ail (dont 1 hachée finement)
375 ml de fumet de poisson
1 pincée de filaments de safran
1 grosse pincée de sel marin
3 cuillerées à soupe de vin blanc
2 cuillerées à soupe de jus de citron
3 cuillerées à soupe d'huile d'olive
½ cuillerée à café de thym séché
Sel et poivre noir
1 cuillerée à soupe de persil plat ciselé pour décorer

1 2

3 4

1	Pilez l'ail entier avec le safran et le sel jusqu'à l'obtention d'une pâte. Ajoutez le vin, le jus de citron, 1/3 de l'huile et un filet d'eau.	2	Mettez la lotte dans un récipient et arrosez-la de la préparation au safran. Remuez, couvrez et placez 2 à 4 heures au réfrigérateur.	
3	Faites revenir l'oignon dans le reste d'huile, 7 minutes. Ajoutez les pommes de terre, le thym et l'ail haché et faites cuire 3 minutes.	4	Ajoutez le fumet, couvrez et laissez bouillir 20 minutes jusqu'à ce que les pommes de terre soient presque tendres.	➢

5

Ajoutez la lotte et sa marinade. Remuez soigneusement et faites cuire 10 minutes à découvert.

REMARQUE

Quand vous versez le fumet, complétez éventuellement avec de l'eau bouillante de manière que les ingrédients soient immergés.

6	Rectifiez l'assaisonnement, parsemez de persil ciselé et servez aussitôt.	**ASTUCE** Pour la marinade, n'utilisez pas de récipient métallique pour éviter toute réaction avec le vin et le jus de citron.

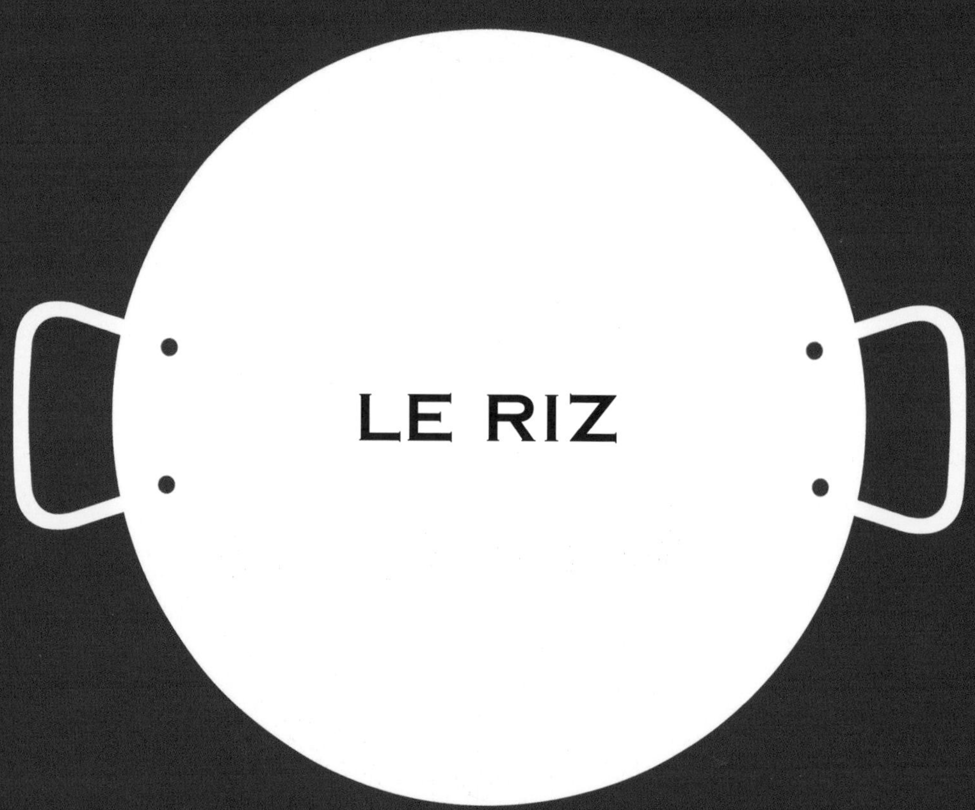
LE RIZ

6

LES PAELLAS

LE RIZ

59

PAELLA AUX FRUITS DE MER

POUR 4 PERSONNES • PRÉPARATION : 25 MINUTES • CUISSON : 40 MINUTES • REPOS : 5 MINUTES

250 g de moules + 250 g de palourdes
250 g de calmars, taillés en anneaux
125 g de poisson blanc, taillé en dés
125 g de crevettes crues décortiquées (sauf la queue) et déveinées
250 g de riz à paella

900 ml de fumet de poisson (recette 05)
100 ml d'huile d'olive
½ oignon rouge, ½ poivron vert, ½ poivron rouge, hachés finement
1 tomate mûre à point, coupée en petits dés
2 gousses d'ail, hachées finement

1 cuillerée à soupe de paprika fumé doux
3 cuillerées à soupe de persil plat ciselé
1 cuillerée à café de feuilles de thym ciselées
½ cuillerée à café de safran dissous dans un peu d'eau chaude
60 g de chorizo, 60 g de petits pois surgelés

1 2

3 4

1	Portez 50 ml d'eau à ébullition. Ajoutez moules et palourdes, couvrez, cuisez jusqu'à ce que les coquilles s'ouvrent. Égouttez, gardez le jus.	2	Faites dorer oignon et poivrons dans 50 ml d'huile 5 minutes. Ajoutez tomate, ail, paprika, persil, thym, sel, poivre. Remuez 2 minutes.	
3	Salez les calmars, le poisson et les crevettes. Versez-les avec le reste d'huile dans la poêle avec le riz. Faites revenir 2 à 3 minutes.	4	Ajoutez le fumet, le safran et le jus de cuisson des moules. Secouez la poêle. Laissez mijoter, sans remuer, 10 minutes.	➢

5

Répartissez les petits pois et le chorizo coupé en dés sur la préparation, puis poussez-les dans le riz. Posez les moules et les palourdes en surface, et faites cuire encore 15 minutes sans remuer jusqu'à ce que le riz soit fondant et que tout le liquide ait été absorbé.

CONSEIL

La réussite de ce plat dépend de la qualité du bouillon. Si possible, faites vous-même votre fumet.

REMARQUE

Utilisez une poêle à paella (diamètre 30 à 40 cm). Si vous n'en avez pas, prenez une poêle à frire de la même taille.

6	Retirez la poêle du feu, couvrez avec un torchon propre et laissez reposer 5 minutes. Décorez avec quelques quartiers de citron et servez.	**CONSEIL** Pensez à tourner régulièrement la poêle sur le feu pour que la cuisson soit uniforme.

PAELLA AU POULET

VARIANTE DE LA PAELLA AUX FRUITS DE MER

1. Désossez et taillez 2 cuisses de poulet en petits morceaux. Faites-les dorer 10 minutes dans 2 c. à soupe d'huile d'olive.

2. Poursuivez en suivant la recette 59, en utilisant la même poêle que celle du poulet. Ajoutez le poulet à l'étape 4, en même temps que le fumet.

PAELLA À LA MORUE

VARIANTE DE LA PAELLA AUX FRUITS DE MER

1. Rincez 250 g de morue salée. Laissez-la tremper 24 à 48 heures (changez l'eau au moins 2 fois) dans de l'eau. Égouttez-la et taillez-la en dés de 2,5 cm.
2. Séparez 200 g de chou-fleur en bouquets.
3. Remplacez tous les fruits de mer et coquillages de la recette 59 par la morue et le chou-fleur que vous ajouterez à l'étape 3. Poursuivez en suivant la recette 59 et en supprimant le chorizo à la fin.

PAELLA VÉGÉTARIENNE

POUR 4 PERSONNES • PRÉPARATION : 25 MINUTES • CUISSON : 45 MINUTES • REPOS : 5 MINUTES

100 g d'asperges vertes
75 g de haricots verts, coupés en sections de 5 cm
1 oignon, haché
1 poivron vert, coupé en petits dés
4 gousses d'ail, hachées finement
75 g de petits pois frais ou surgelés
250 g de riz à paella
4 cuillerées à soupe d'huile d'olive
250 ml de coulis de tomates
750 ml de bouillon de poule ou de légumes, chaud (recette 06)
½ cuillerée à café de filaments de safran
1 cuillerée à soupe de paprika fumé doux
2 cuillerées à soupe de persil plat ciselé
1 citron, coupé en quartiers
Sel et poivre noir

1 2

3 4

1	Faites blanchir les asperges dans de l'eau bouillante salée, 1 minute. Ajoutez les haricots et faites bouillir, 1 minute. Égouttez et réservez.	2	Faites revenir l'oignon et le poivron dans 3 c. à soupe d'huile dans une poêle à paella, 5 minutes. Ajoutez l'ail et remuez 2 minutes.	
3	Versez le reste d'huile dans la poêle, puis le riz, le coulis, le bouillon, le safran et enfin le paprika. Assaisonnez généreusement.	4	Portez à ébullition, réduisez le feu et laissez mijoter 20 minutes sans remuer. Le liquide doit être quasiment absorbé.	➢

5	Répartissez les petits pois, les haricots et les asperges sur la préparation puis poussez les légumes dans le riz et laissez cuire 5 minutes.	**ASTUCE** Utilisez une poêle à paella (diamètre 30 à 40 cm). À défaut, prenez une poêle à frire de la même taille. **CONSEIL** Pensez à tourner régulièrement la poêle sur le feu pour que la cuisson soit uniforme, mais ne remuez jamais la préparation.

6	Retirez la poêle du feu, couvrez avec un torchon propre et laissez reposer 5 minutes. Parsemez de persil ciselé, décorez avec quelques quartiers de citron et servez.	**VARIANTE** Remplacez les asperges et/ou les haricots par d'autres légumes de saison comme du brocoli ou des fèves.

63

PAELLA HARICOTS-ARTICHAUTS

VARIANTE DE LA PAELLA VÉGÉTARIENNE

1. Prenez la recette de la paella végétarienne (recette 62) et commencez à l'étape 2.
2. Étape 3, ajoutez un trait de xérès sec après avoir versé le riz.
3. Remplacez les haricots verts et les asperges par 200 g de haricots blancs cuits et 250 g de cœurs d'artichauts marinés, coupés en quatre. Sautez l'étape 5 et finissez avec l'étape 6.

PAELLA AUX CHAMPIGNONS

VARIANTE DE LA PAELLA VÉGÉTARIENNE

1. Faites tremper 30 g de cèpes séchés dans l'eau chaude, 20 minutes. Égouttez, réservez l'eau, hachez.
2. Dorez 250 g de champignons sauvages émincés dans de l'huile d'olive, 3 minutes. Ajoutez 2 gousses d'ail émincées, sel, poivre. Remuez 2 minutes.
3. Suivez les étapes 2 et 3 de la recette 62. Ajoutez les champignons et l'eau de trempage avec le bouillon. Incorporez 60 g de manchego râpé à la fin.

65

PAELLA CHORIZO ET FÈVES

POUR 4 PERSONNES • PRÉPARATION : 20 MINUTES • CUISSON : 40 MINUTES • REPOS : 5 MINUTES

400 g de filet de porc, taillé en dés
150 g de chorizo à cuire doux, taillé en petits morceaux
250 g de fèves écossées
100 ml d'huile d'olive

2 oignons, hachés finement
1 poivron vert, coupé en petits dés
4 gousses d'ail, hachées finement
250 g de riz à paella
1 cuillerée à café de paprika fumé doux

900 ml de bouillon de poule (recette 06)
1 citron, coupé en quartiers
Sel et poivre noir

1 2

3 4

1	Faites cuire les fèves 10 minutes dans de l'eau bouillante salée. Égouttez. Pelez-les en les pressant entre les doigts.	2	Faites revenir les dés de porc dans l'huile à feu vif jusqu'à ce qu'ils soient cuits. Versez sur une assiette et couvrez avec du papier d'aluminium.	
3	Sur feu doux, faites revenir le chorizo 1 minute. Ajoutez les oignons et le poivron, et faites cuire 10 minutes. Ajoutez l'ail, remuez 3 minutes.	4	Versez le riz dans la poêle puis ajoutez le paprika et le bouillon. Assaisonnez. Laissez cuire 20 minutes sans remuer.	➤

5	Hors du feu, ajoutez les dés de porc et le jus de cuisson. Enfoncez les morceaux de viande dans le riz. Répartissez les fèves sur la préparation.	**CONSEIL** Il est important d'utiliser une poêle de taille convenable pour que le riz et la viande cuisent correctement. Utilisez une poêle à paella (diamètre 30 à 40 cm). Si vous n'en avez pas, prenez une poêle à frire de la même taille.

6	Recouvrez la poêle avec du papier d'aluminium et laissez reposer 5 minutes. Décorez avec quelques quartiers de citron et servez.	**VARIANTE** Vous pouvez remplacer les fèves par des épinards ou des haricots verts.

PAELLA NOIRE AUX CALMARS

POUR 4 À 6 PERSONNES • PRÉPARATION : 25 MINUTES • CUISSON : 1 HEURE • REPOS : 5 MINUTES

300 g de riz à paella
600 g de calmars nettoyés et taillés en anneaux
2 poivrons rouges, coupés en petits dés
3 gousses d'ail, hachées finement
1 gros oignon, haché finement
1,5 litre de fumet de poisson, chaud (recette 05)
2 cuillerées à soupe d'encre de calmar
120 ml d'huile d'olive
100 ml de vin blanc
125 ml de coulis de tomates
Quelques brins de persil plat

1 2

3 4

1	Mélangez intimement l'encre et le fumet. Réservez au chaud.	2	Faites revenir les calmars 40 secondes dans 2 cuillerées à soupe d'huile d'olive. Sortez-les de la poêle avec une écumoire.	
3	Faites revenir l'oignon et les poivrons 5 minutes dans le reste de l'huile. Réduisez le feu, ajoutez l'ail et faites cuire encore 5 minutes.	4	Ajoutez le riz et remuez soigneusement. Versez le vin, le coulis de tomates ainsi que le mélange encre-fumet.	➤

5	Faites mijoter 35 minutes à feu doux, sans remuer, jusqu'à ce que le liquide ait réduit et soit passé sous le niveau de riz. Répartissez les calmars sur le riz et poursuivez la cuisson 3 minutes.	**CONSEIL** Utilisez une poêle à paella de 40 cm de diamètre. À défaut, prenez une poêle à frire de la même taille. **ASTUCE** Poussez les anneaux de calmars dans le riz pour les réchauffer. Pensez à tourner régulièrement la poêle sur le feu pour répartir uniformément la chaleur.

6	Retirez la poêle du feu et couvrez la préparation avec du papier d'aluminium. Laissez reposer 5 minutes. Parsemez de persil, décorez avec quelques quartiers de citron et servez.	**PRATIQUE** S'il n'y a pas assez d'encre dans la poche à encre des calmars (ces derniers libèrent souvent leur encre lorsqu'ils sont pêchés), achetez des petits sachets d'encre chez votre poissonnier (il faut environ 5 petits sachets pour remplir 1 cuillerée à soupe).

RIZ AU POULET ET AU XÉRÈS

POUR 4 À 6 PERSONNES • PRÉPARATION : 15 MINUTES • CUISSON : 35 MINUTES

8 hauts de cuisse de poulet
400 g de riz à paella
1 gros oignon, haché
1 poivron rouge, coupé en dés
3 gousses d'ail, hachées finement
2 cuillerées à soupe de xérès sec
2 tomates mûres à point, pelées et coupées en dés
120 g de petits pois surgelés (facultatif)
1 cuillerée à soupe de paprika fumé doux
1 litre de bouillon de poule (recette 06)
1 feuille de laurier
2 cuillerées à soupe d'huile d'olive
Sel et poivre noir

AU PRÉALABLE :
Salez et poivrez les morceaux de poulet.

1 2

3 4

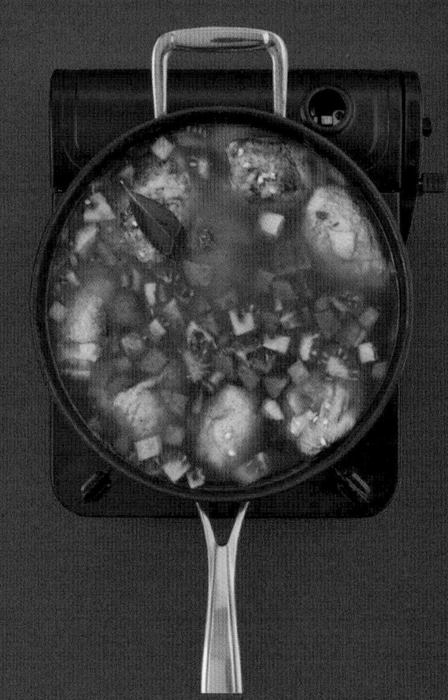

1	Faites dorer le poulet dans l'huile, côté peau en premier. Posez la viande sur une assiette.	2	Faites revenir l'oignon et le poivron dans la sauteuse, 5 minutes à feu moyen. Ajoutez l'ail et faites revenir encore 1 minute.	
3	Versez le xérès, en remuant quand il bout, pour déglacer.	4	Remettez le poulet dans la poêle avec les tomates, le paprika, le bouillon, le riz et le laurier. Remuez puis assaisonnez.	➢

5	Réduisez le feu, couvrez et laissez mijoter 20 minutes à feu doux, en remuant en milieu de cuisson, jusqu'à ce que presque tout le liquide ait été absorbé et que le poulet soit cuit.	**CONSEIL** Lorsque vous ajoutez le riz (étape 4), veillez à ce qu'il soit complètement immergé. **ASTUCE** Si le poulet est particulièrement gras, vous devrez peut-être retirer un peu du gras de cuisson avant de cuire l'oignon et le poivron.

6

Cinq minutes avant la fin de la cuisson, ajoutez les petits pois (facultatif), et servez lorsque ces derniers sont chauds.

VARIANTE

Vous pouvez remplacer le poulet par du lapin, mais faites attention de ne pas trop le cuire quand vous le faites dorer.

SOUPE DE RIZ AU HOMARD

POUR 4 PERSONNES • PRÉPARATION : 20 MINUTES • CUISSON : 45 MINUTES

2 homards cuits de 500 g chacun
400 g de riz à paella
250 g de moules fraîches, lavées et ébarbées
4 cuillerées à soupe d'huile d'olive
150 ml de vin blanc
2 litres de fumet de poisson (recette 05)
1 gros oignon haché
4 tomates mûres à point, pelées et taillées en dés
2 gousses d'ail hachées
¼ de cuillerée à café de filaments de safran
Sel et poivre noir
2 cuillerées à soupe de persil plat ciselé pour décorer

1 2

3 4

1	Retirez les pattes et les pinces des homards. Cassez les pinces, retirez la chair des pattes et réservez. Réservez également les pinces.	2	Ôtez les têtes, cassez-les en deux, récupérez la chair. Coupez les queues en deux, ôtez les intestins. Récupérez la chair et émincez-la.	
3	Dans une cocotte, faites revenir les carapaces dans 2 cuillerées à soupe d'huile d'olive, 5 minutes jusqu'à ce qu'elles se colorent.	4	Versez le vin. Quand il bout, versez le fumet et laissez frémir 10 minutes. Égouttez. Réservez le bouillon.	➢

5	Faites chauffer le reste d'huile dans une poêle à bord haut. Faites-y revenir l'oignon 5 minutes. Ajoutez les tomates et l'ail, et faites cuire encore 5 minutes à feu doux.	**CONSEIL** Faites cuire les tomates jusqu'à ce que le jus libéré commence à réduire et à former une sauce épaisse. **ATTENTION** Ne jetez pas les carapaces des homards, car vous en aurez besoin pour préparer le bouillon. N'hésitez pas à les casser en morceaux plus petits pour le fumet.

6

Versez le fumet dans la poêle ainsi que le safran. Remuez, assaisonnez et portez à ébullition. Ajoutez le riz, remuez et laissez mijoter 15 minutes à découvert jusqu'à ce que le riz soit fondant.

ASTUCE

Au bout de 15 minutes, allongez la préparation avec de l'eau si elle n'a pas l'apparence d'une soupe.

➢

7	Ajoutez la chair et les pinces des homards et les moules, couvrez et faites cuire 5 minutes, jusqu'à ce que les moules s'ouvrent.	**VARIANTE** Vous n'êtes pas obligé de mettre des moules dans la préparation. Vous pouvez les remplacer par des palourdes ou des anneaux de calmars que vous aurez légèrement fait revenir au préalable.

8	Servez la préparation dans des assiettes creuses, parsemée de persil ciselé.	**SERVICE** Veillez à ce que chaque convive reçoive un peu de la chair de la queue, ainsi qu'une pince. Proposez du pain croustillant en accompagnement.

RIZ SAUCISSES

→ POUR 4 À 6 PERSONNES • PRÉPARATION : 15 MINUTES • CUISSON : 35 MINUTES • REPOS : 10 MINUTES ←

400 g de botifarra (saucisses aux épices)
250 g de morcillas (boudin noir espagnol)
60 g de lardons
1 pomme de terre moyenne, pelée et taillée en rondelles de 5 mm d'épaisseur
400 g de pois chiches cuits ou en conserve

185 g de riz à paella
1 cuillerée à soupe de paprika doux fumé
1 pincée de filaments de safran dilués dans un peu d'eau chaude
1 tomate, coupée en dés
250 ml de coulis de tomates

500 ml de bouillon de bœuf
1 ½ cuillerée à café de sel
3 cuillerées à soupe d'huile d'olive
1 tête d'ail, sommet tranché

AU PRÉALABLE :
Préchauffez le four à 170 °C.

1 2

3 4

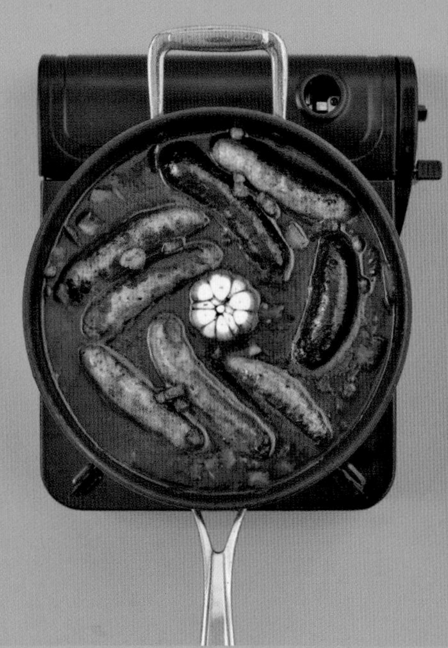

1	Faites cuire lardons et saucisses 5 minutes dans les 2/3 d'huile dans une sauteuse allant au four. Posez-les sur du papier absorbant.	2	Faites cuire les boudins dans la même sauteuse 2 minutes, en les tournant. Réservez-les avec les saucisses et les lardons.	
3	Faites dorer la pomme de terre dans le reste d'huile. Ajoutez les pois chiches, le riz, le paprika et le safran, et faites revenir 2 minutes.	4	Ajoutez la tomate, le coulis, le bouillon et le sel, portez à ébullition. Baissez le feu, ajoutez la viande. Déposez l'ail.	➢

5	Faites cuire 20 minutes au four sans couvrir, en remuant à mi-cuisson, jusqu'à ce que le riz soit fondant. Sortez la sauteuse du four, couvrez la préparation avec de l'aluminium et laissez reposer 10 minutes avant de servir.	**ASTUCE** Avant de glisser la sauteuse dans le four, complétez éventuellement avec de l'eau bouillante de manière que les ingrédients affleurent.

6	Répartissez la préparation dans des assiettes creuses, en servant une saucisse à chaque convive.	**REMARQUE** Vous pouvez utiliser les saucisses de votre choix pour cette recette, pourvu qu'elles soient parfumées.

LES DESSERTS

7

TARTE DE SANTIAGO

POUR 6 PERSONNES • PRÉPARATION : 40 MINUTES • REPOS : 1 HEURE 20 • CUISSON : 35 MINUTES

PÂTE :
150 g de farine ordinaire, tamisée
35 g de sucre glace + quelques pincées pour décorer
80 g de beurre doux froid, coupé en dés
1 jaune d'œuf

GARNITURE :
230 g de poudre d'amandes
Le zeste finement râpé de 1 citron non traité
½ cuillerée à café de cannelle en poudre
2 cuillerées à soupe de liqueur d'amande
115 g de beurre mou
75 g de sucre roux
2 œufs battus
75 g de confiture de figues
75 g de marmelade d'oranges
Un trait de jus de citron

1 2

3 4

1	Mélangez farine, sucre glace et beurre jusqu'à obtenir un sable grossier. Ajoutez l'œuf. Formez une boule. Laissez reposer 1 heure au frais.	2	Râpez la pâte à l'aide d'une râpe à trous moyens dans un moule de 23 cm puis pressez-la de la base vers les bords. Piquez-la.	
3	Préparez la garniture en mélangeant ensemble la poudre d'amandes, le zeste de citron, la cannelle et la liqueur d'amande. Réservez.	4	Fouettez le beurre mou et le sucre roux. Incorporez peu à peu les œufs puis la préparation aux amandes. Réservez.	➢

5	Préchauffez le four à 180 °C. Dans une petite casserole, faites chauffer la confiture, la marmelade et un trait de jus de citron à feu doux, en remuant. Badigeonnez le fond de tarte refroidi de ce mélange.	**CONSEIL** Avant de la laisser reposer au réfrigérateur, emballez la pâte dans du film alimentaire. **VARIANTE** Remplacez la liqueur d'amande par de la liqueur d'orange ou du xérès doux.

6

Répartissez uniformément la préparation aux amandes sur la confiture et faites cuire 30 minutes au four jusqu'à ce que le dessus soit doré. Saupoudrez de sucre glace.

REMARQUE

Cette tarte est encore meilleure le lendemain quand les parfums ont eu le temps de se mélanger.

71

MOELLEUX CHOCOLAT-ÉPICES

POUR 6 PERSONNES • PRÉPARATION : 10 MINUTES • CUISSON : 20 MINUTES

100 g de chocolat noir (70 % de cacao minimum), râpé
100 g de beurre doux, coupé en dés
50 g de farine ordinaire
¾ de cuillerée à café de paprika fumé doux
½ cuillerée à café de poivre de Cayenne
1 pincée de cannelle en poudre
1 cuillerée à soupe de xérès Pedro Ximénez
2 œufs
2 jaunes d'œufs
100 g de sucre en poudre
Huile végétale pour graisser le moule

AU PRÉALABLE :

Préchauffez le four à 180 °C. Graissez 6 petits moules avec de l'huile végétale et posez-les sur une plaque de cuisson.

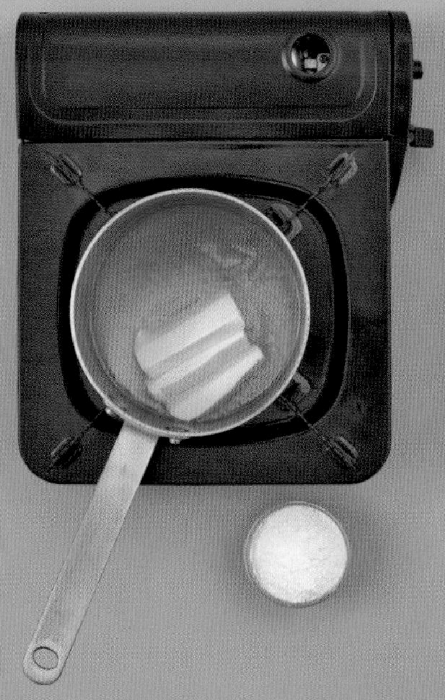

1 2

3 4

1	Faites fondre le beurre dans une casserole puis versez-y la farine. Faites chauffer 2 minutes à feu moyen en remuant constamment.	2	Hors du feu, ajoutez le chocolat et remuez pour qu'il fonde. Ajoutez le paprika, le poivre, la cannelle et le xérès. Remuez et réservez.	
3	Au bain-marie, fouettez les œufs entiers, les jaunes et le sucre avec un batteur jusqu'à obtenir un mélange mousseux et blanchâtre.	4	Hors du feu, fouettez le mélange jusqu'à ce qu'il soit refroidi. Incorporez-en 3 cuillerées à soupe au chocolat.	➢

5	Hors du feu, versez le contenu de la casserole dans la préparation mousseuse. Mélangez bien. Remplissez les moules jusqu'à mi-hauteur et faites cuire 8 à 10 minutes au four jusqu'à ce que le dessus soit pris.	**REMARQUE** Vous pouvez diminuer la quantité de poivre de Cayenne si vous voulez une version moins piquante de ces petits gâteaux.

6	Sortez les gâteaux du four et démoulez-les en vous aidant avec la lame d'un couteau.	**ACCOMPAGNEMENT** Servez éventuellement ces petits gâteaux avec de la glace à la vanille.

CRÈME CATALANE

POUR 6 PERSONNES • PRÉPARATION : 10 MINUTES • REPOS : 3 HEURES • CUISSON : 15 MINUTES

1 litre de lait entier
130 g de sucre en poudre
Le zeste râpé de ½ citron
Le zeste râpé de ½ orange
Une pincée de cannelle en poudre
8 jaunes d'œufs
2 cuillerées à soupe de fécule de maïs

1 2

3 4

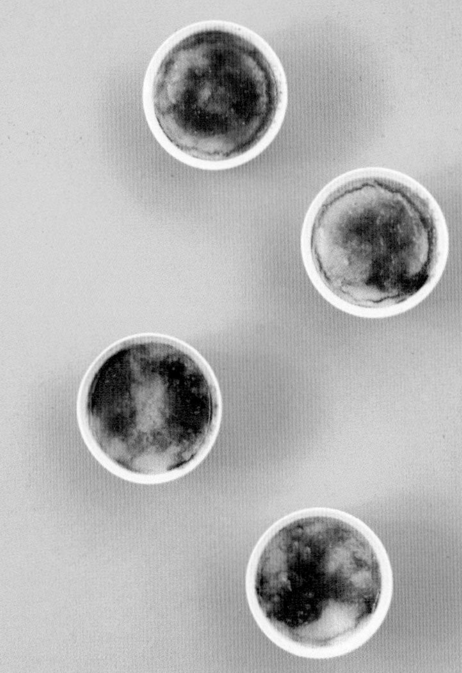

1	Faites chauffer le lait à feu doux avec 3 c. à soupe de sucre, les zestes et la cannelle. Ôtez du feu avant que ça ne bout.	2	Fouettez les jaunes, la fécule et 3 c. à soupe de sucre. Incorporez un peu de lait chaud puis reversez le tout dans la casserole, en fouettant.
3	Faites cuire 5 à 10 minutes en remuant jusqu'à épaississement. Ne faites pas bouillir. Versez dans 6 ramequins. Placez au frais 3 heures.	4	Saupoudrez le reste de sucre sur la crème. Faites caraméliser avec un chalumeau de cuisine ou sous un gril très chaud. Servez aussitôt.

FROMAGE DE CHÈVRE AU MIEL

POUR 4 PERSONNES • PRÉPARATION : 5 MINUTES • CUISSON : 5 MINUTES

4 tranches d'une bûche de chèvre ferme, d'environ 1 cm d'épaisseur
25 g de farine ordinaire
Huile d'olive pour la cuisson

1 œuf battu
4 cuillerées à soupe de miel de fleurs d'oranger
4 cuillerées à soupe de pignons grillés

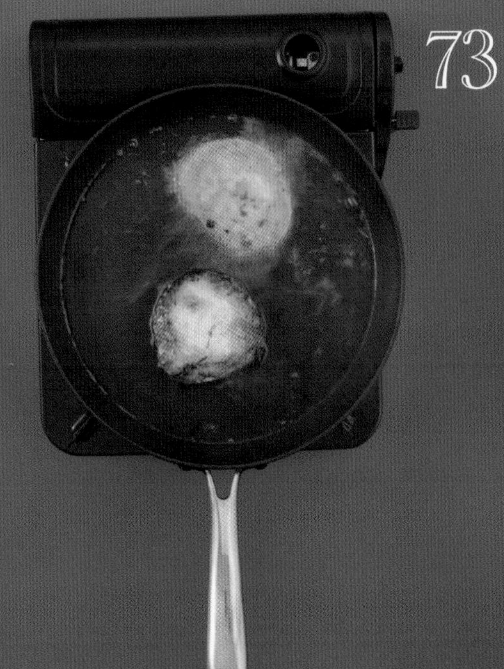

1 2

3 4

1	Saupoudrez le fromage de farine sur les deux faces. Secouez les tranches pour faire tomber l'excédent puis réservez.	2	Faites chauffer 1 cm d'huile dans une poêle à frire jusqu'à ce qu'elle soit très chaude.
3	Tournez les tranches de fromage dans l'œuf, puis faites-les frire, 40 secondes de chaque côté. Épongez-les sur du papier absorbant.	4	Posez les tranches sur des assiettes. Arrosez chacune avec 1 cuillerée à soupe de miel. Parsemez de pignons grillés et servez chaud.

FIGUES CARAMÉLISÉES

✤ POUR 4 PERSONNES • PRÉPARATION : 5 MINUTES • CUISSON : 10 MINUTES ✤

8 figues fraîches, coupées en deux
150 g de beurre
120 g de sucre roux
4 cuillerées à soupe de crème fraîche
3 cuillerées à soupe de xérès Pedro Ximénez, ou un autre xérès doux

74

1 2

3 4

1	Faites cuire les figues 4 minutes dans 30 g de beurre, côté coupé d'abord. Tournez-les et faites cuire 1 minute. Sortez-les avec une écumoire.	2	Faites fondre le reste de beurre dans la même poêle. Ajoutez le sucre et la crème puis faites caraméliser à feu doux pendant 2 minutes.
3	Versez le xérès en filet et mélangez. Remettez les figues dans la poêle, tournez-les dans la sauce et faites cuire 1 minute.	4	Déposez 4 moitiés de figues dans chaque écuelle et arrosez avec la sauce. Servez ces figues avec de la glace ou de la crème fraîche.

75

SORBET SANGRIA ET PÊCHES

POUR 4 À 6 PERSONNES • PRÉPARATION : 5 MINUTES • CONGÉLATION : 8 HEURES • CUISSON : AUCUNE

1 portion de sangria (recette 19), sans les morceaux de fruits
2 pêches mûres à point, pelées, dénoyautées et taillées en petits dés
2 pêches coupées en deux et tranchées
4 brins de menthe (facultatif)

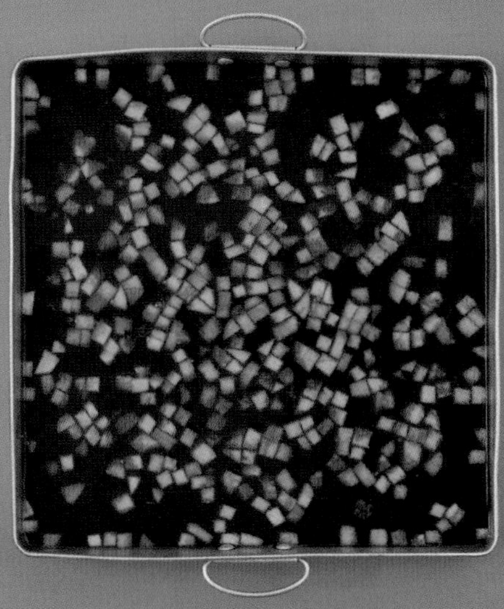

1 2

3 4

1	Versez la sangria dans un moule de 2 litres adapté à la taille de votre congélateur. Ajoutez les dés de pêches et placez au congélateur.	2	Commencez à surveiller la sangria au bout de 1 heure. Quand les bords commencent à geler, remuez l'ensemble avec une fourchette.
3	Répétez cette opération toutes les heures jusqu'à ce que tout le liquide ait gelé. Ce processus peut prendre jusqu'à 8 heures.	4	Transvasez-le dans une boîte en plastique et placez-le au congélateur ou servez de suite avec des pêches et un brin de menthe.

NOUGAT AMANDES ET MIEL

POUR 20 MORCEAUX • PRÉPARATION : 30 MINUTES • CUISSON : 30 MINUTES • REPOS : 15 À 20 MINUTES

125 g de miel d'oranger (ou miel parfumé)
225 g de sirop de glucose
190 g de sucre en poudre
2 blancs d'œufs
200 g d'amandes mondées
Le zeste râpé de 1 citron

Huile végétale, pour huiler le plat
Papier de riz comestible

AU PRÉALABLE :

Badigeonnez légèrement d'huile un plat à four de 14 x 20 cm puis tapissez-en le fond et les bords de papier de riz.

REMARQUE :

Pour réussir ce nougat, il faut impérativement un thermomètre de confiseur et un batteur électrique.

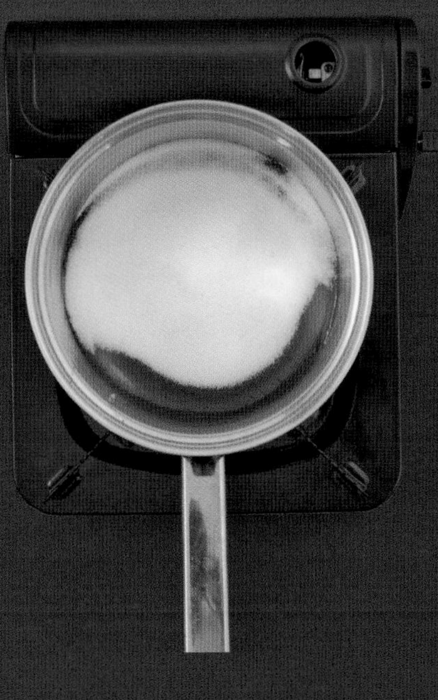

1 2

3 4

1	Chauffez le miel, le sirop et le sucre à feu doux en remuant jusqu'à ce qu'il soit dissous. Augmentez le feu et chauffez jusqu'à 120 °C.	2	Fouettez les blancs d'œufs en neige souple. Quand le sirop est à température, versez-en un quart dans les blancs, en fouettant.
3	Remettez le sirop sur le feu, chauffez jusqu'à 150 °C. Versez-le dans les blancs, en fouettant. Fouettez 5 minutes. Ajoutez amandes et zeste.	4	Étalez la préparation dans le moule, couvrez d'une feuille de papier de riz. Une fois refroidi, retournez-le sur une planche et coupez-le.

CHURROS ET SAUCE CHOCOLAT

POUR 4 À 6 PERSONNES • PRÉPARATION : 15 MINUTES • CUISSON : 35 MINUTES

SAUCE AU CHOCOLAT :
2 cuillerées à café de fécule de maïs
500 ml de lait entier
120 g de chocolat noir cassé en morceaux
3 cuillerées à soupe de sucre en poudre
Une pincée de cannelle en poudre

CHURROS :
120 g de beurre doux
Une grosse pincée de sel
150 g de farine ordinaire
3 œufs battus
Huile végétale, pour la friture

Un mélange de sucre et de cannelle, pour la fin

1 2

3 4

1	Préparez la sauce : mélangez intimement la fécule de maïs et 125 ml de lait dans un bol. Réservez.	2	Versez le reste de lait dans une casserole puis faites-y fondre le chocolat à feu doux. Remuez.	
3	Ajoutez la fécule diluée, le sucre et la cannelle, et faites épaissir 15 minutes à feu doux. Versez la sauce dans des petites tasses.	4	Faites bouillir 250 ml d'eau avec le beurre et le sel. Baissez le feu et versez la farine. Fouettez jusqu'à obtenir une pâte.	➢

5	Hors du feu, incorporez progressivement les œufs battus, en fouettant soigneusement avant chaque ajout. Versez la préparation dans une poche munie d'une douille cannelée. Faites chauffer 4 cm d'huile dans une casserole à fond épais, à 180 °C. Réduisez le feu et faites tomber dans l'huile des tronçons de pâte de 10 cm. Laissez frire 2 minutes de chaque côté.	**ASTUCES** N'utilisez pas une douille trop grosse car la pâte ne cuirait pas jusqu'au centre. Si vous n'avez pas de thermomètre, vérifiez la température en plongeant un petit morceau de pain dans l'huile : si l'huile grésille et que le pain dore en 30 secondes, c'est que l'huile est assez chaude. Faites cuire 2 à 3 churros à la fois, pas plus, car cela ferait baisser la température de l'huile.

		REMARQUE
6	Sortez les churros cuits avec une écumoire et posez-les sur du papier absorbant. Saupoudrez avec le mélange sucre-cannelle. Servez aussitôt avec les petits pots de sauce au chocolat.	Utilisez le reste de sauce au chocolat pour y tremper des fruits ou napper de la crème glacée.

PUDDING AU PAIN

POUR 6 À 8 PERSONNES • PRÉPARATION : 15 MINUTES • CUISSON : 50 MINUTES • REPOS : 20 MINUTES

75 g de raisins secs
60 ml de xérès Pedro Ximénez
140 g de sucre en poudre
500 ml de lait
1 cuillerée à café de jus de citron
2 morceaux d'écorce de citron

½ cuillerée à café de cannelle en poudre
Une grosse pincée de noix de muscade
Une pincée de sel
2 œufs
1 jaune d'œuf
2 cuillerées à soupe d'amandes en poudre

½ cuillerée à café d'extrait de vanille
120 g de pain rassis écroûté, en morceaux

AU PRÉALABLE :
Préchauffez le four à 180 °C. Beurrez un moule de 10 x 23 cm.

1	Chauffez les raisins secs dans 2 cuillerées à soupe de xérès. Portez à ébullition, puis retirez du feu et laissez reposer 20 minutes. Égouttez.	2	Faites chauffer 70 g de sucre dans une casserole à fond épais. Faites cuire, sans remuer, jusqu'à ce que le sucre caramélise.	
3	Versez le caramel dans le moule, en inclinant ce dernier de manière que le fond et les parois en soient recouverts.	4	Chauffez le lait, le xérès, les épices, le jus et l'écorce de citron et le sel. Ôtez du feu avant l'ébullition. Ôtez l'écorce.	➢

5	Fouettez ensemble les œufs entiers, le jaune, le reste de sucre, la poudre d'amandes et la vanille. Incorporez 100 ml de la préparation au lait, puis reversez le tout dans la casserole de lait. Remuez.	**CONSEIL** Étape 4, veillez à retirer la casserole du feu juste avant que le lait se mette à bouillir.

6

Répartissez le pain dans le moule, ainsi que les raisins. Versez délicatement la préparation aux œufs et au lait sur le pain.

ASTUCE

Le xérès Pedro Ximénez, fruité et sirupeux, convient particulièrement à cette recette, mais si vous n'en avez pas, tout autre xérès fera parfaitement l'affaire.

7	Posez le moule dans un plat à rôtir. Versez de l'eau bouillante dans le plat, sur une hauteur de 2,5 cm. Faites cuire 40 minutes au four jusqu'à ce que le pudding ait pris.	**REMARQUE** Le bain-marie permet de cuire les préparations délicates, comme ce pudding, tout en douceur.

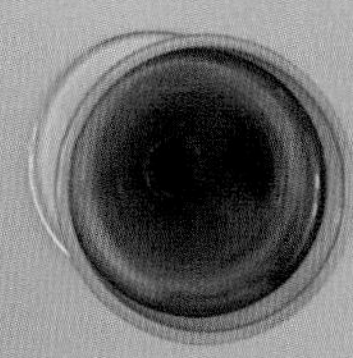

8	Retournez le pudding sur un plat et servez aussitôt, ou attendez qu'il ait refroidi.	**VARIANTE** Pour une variante moins sucrée, supprimez les raisins secs et le xérès, et ajoutez au lait en train de chauffer 1 cuillerée à soupe d'expresso corsé.

BISCUITS À L'HUILE D'OLIVE

POUR 8 BISCUITS • PRÉPARATION : 30 MINUTES • CUISSON : 6 À 8 MINUTES

190 g de farine ordinaire
100 g de sucre en poudre
3 cuillerées à soupe de graines de sésame
1 cuillerée à soupe bombée de graines d'anis
1 cuillerée à café de levure chimique

½ cuillerée à café de sel
125 ml d'huile d'olive
60 ml d'eau glacée
1 blanc d'œuf battu

AU PRÉALABLE :
Préchauffez le four à 200 °C.

1 2
3 4

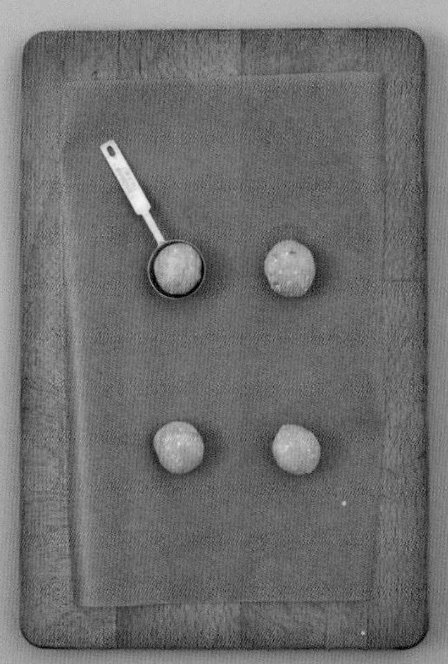

1	Mélangez la farine, 3 cuillerées à soupe de sucre, le sésame, les graines d'anis, la levure et le sel.	2	Mélangez l'huile et l'eau dans une carafe et versez ce mélange dans la farine. Remuez jusqu'à l'obtention d'une pâte collante.	
3	Façonnez des boulettes. Posez 4 boulettes sur un morceau de papier sulfurisé, en les espaçant au maximum. Couvrez de papier sulfurisé.	4	Étalez les boulettes avec un rouleau, très finement, jusqu'à obtenir des disques de 14 cm de diamètre.	➢

5

Posez les disques de pâte entre les deux feuilles de papier sulfurisé sur une plaque de cuisson. Détachez délicatement la feuille du dessus. Badigeonnez les disques avec du blanc d'œuf battu et saupoudrez généreusement avec le reste de sucre.

VARIANTE

Si vous ne trouvez pas de graines d'anis, vous pouvez les remplacer par des graines de fenouil.

6	Faites cuire 6 à 8 minutes au four jusqu'à ce que les bords brunissent et que le dessus des biscuits dore. Laissez refroidir sur une grille et répétez l'opération avec le reste de pâte. Dégustez chaud ou froid.	**REMARQUE** Ces biscuits sont délicieux avec un thé, un café ou un verre de xérès. Vous pouvez aussi les proposer avec un sorbet à la sangria (recette 75).

HORCHATA DE CHUFA

POUR ENVIRON 1 LITRE • PRÉPARATION : 15 MINUTES • TREMPAGE : 1 NUIT • CUISSON : AUCUNE

250 g de souchet (noix tigrées)
1 litre d'eau chaude
Le zeste de 1 citron non traité
Sucre en poudre, selon votre goût
Cannelle en poudre, pour servir (facultatif)

1 2

3 4

1	Faites tremper les noix tigrées toute une nuit dans de l'eau froide. Rincez soigneusement et égouttez.	2	Placez les noix tigrées dans un robot, avec l'eau chaude, et mixez le plus finement possible.
3	Filtrez à travers un tamis. Jetez ce qui reste dans le tamis. Ajoutez le jus de citron et du sucre à volonté.	4	Servez bien froid, avec éventuellement une pincée de cannelle en poudre.

ANNEXES

GLOSSAIRE

INDEX DES RECETTES

INDEX THÉMATIQUE

REMERCIEMENTS

GLOSSAIRE

AMANDES
Les amandes font partie des fruits secs les plus souvent utilisés dans la cuisine espagnole. Elles sont employées entières ou en poudre dans les plats salés comme sucrés, notamment dans de nombreuses sauces. La Marcona est une variété espagnole, plus petite, plus ronde et plus douce (et aussi plus chère !) que les autres variétés. Utilisez si possible cette variété d'amande pour les recettes de ce livre (si votre budget le permet) ou optez pour des amandes mondées classiques. Évitez toutefois les amandes non mondées. Comme la plupart des fruits secs, les amandes rancissent rapidement : achetez-les par conséquent en petites quantités.

BOTIFARRA
La botifarra est une saucisse d'origine catalane, ingrédient clé de la gastronomie de la région. Il en existe différentes variétés que l'on consomme grillées, généralement avec des haricots.

CHORIZO
Saucisse espagnole réputée, à base de porc et d'ail, et généreusement épicée au paprika. Il en existe au moins 50 variétés différentes, que l'on peut classer dans deux grandes catégories : les chorizos à cuire (saucisses à base de viande hachée crue, marbrée de gras) et les saucissons. Les premiers doivent êtres cuits (grillés ou bouillis) tandis que le saucisson se consomme en tranches fines, en tapas ou dans des salades.

CONCENTRÉ DE TOMATES
Pâte rouge épaisse fabriquée à partir de chair de tomate, parfois vendue en tube. Le coulis est une purée non concentrée, plus ou moins épaisse.

ESCARGOTS
Les escargots sont considérés comme un mets délicat dans certaines régions d'Espagne et sont souvent présents sur les marchés. En dehors de l'Espagne et de la France, on les trouve plus difficilement. Aux escargots en conserve, généralement sans goût, préférez leurs congénères frais.

FIDEUA
Spécialité catalane, la fideua est une variété de pâtes fines et courtes, utilisées dans les soupes ou servies avec une sauce. On les trouve difficilement en dehors de l'Espagne, mais on peut les remplacer par du vermicelle.

HARICOTS
Les haricots secs font partie des ingrédients clés de nombreuses spécialités espagnoles, à travers tout le pays. Chaque région a ses propres variétés. La faba de la Granja, par exemple, est un haricot blanc particulièrement fondant des Asturies, très apprécié des Espagnols. C'est cette variété qui entre dans la composition de la fabada, un ragoût traditionnel de haricots au porc. Le judión blanco et le judión de la Granja sont d'énormes haricots blancs parfois utilisés dans la paella du fait qu'ils tiennent bien à la cuisson. Cela peut valoir la peine de chercher à vous procurer ces variétés, mais, si vous n'en trouvez pas, des cocos, des soissons ou des cannellini feront parfaitement l'affaire. N'oubliez pas de faire tremper vos haricots secs dans une grande quantité d'eau froide pendant au moins 12 heures.

JAMBON
L'Espagne produit 2 principales spécialités de jambons : jamón serrano est le nom général donné au jambon qui sèche à l'air libre, tandis que le jamón ibérico fait référence à un jambon séché issu de porcs ibériques negros (noirs). Parmi ces jambons pata negra déjà onéreux, les plus chers sont ceux issus de bêtes nourries exclusivement de glands.

MANCHEGO
Probablement le fromage le plus réputé et le plus prisé d'Espagne. Il s'agit d'un fromage de brebis originaire du centre de l'Espagne. De consistance ferme, il est soumis à un affinage qui peut aller de 60 jours à 2 ans. Il est fabriqué à partir de lait pasteurisé ou cru. Son parfum peut varier énormément selon le temps d'affinage. Les fromages les plus affinés sont plus fermes et plus forts : ils peuvent être râpés ou servis en tapas.

MORCILLA
Spécialité de charcuterie espagnole, à base de sang de porc, l'équivalent de notre boudin noir. Il en existe différentes variétés, dont une fumée. Parmi les ingrédients qui composent la morcilla, on peut trouver du riz, de l'oignon, des raisins secs, de la cannelle, des graines d'anis ou des clous de girofle. Il est préférable de cuire la morcilla avant de la consommer (bien que la morcilla dulce peut être consommée crue). Elle est généralement tranchée avant d'être poêlée dans de l'huile, ou elle peut être mise à mijoter avec d'autres ingrédients dans un ragoût. Faites attention en la cuisant, car elle se décompose facilement.

GLOSSAIRE

MORUE SALÉE

Ce poisson séché et salé, extrêmement populaire, entre dans la composition de nombreux plats. Dans certaines régions d'Espagne, des boutiques entières sont consacrées exclusivement à ce produit. Avant utilisation, la morue salée doit être mise à tremper dans l'eau pendant 24 à 48 heures, et l'eau doit être changée 2 ou 3 fois.

PAELLA

Ce célèbre plat de riz est né dans la région marécageuse de Valence. À l'origine, c'était un plat d'été que l'on cuisait dans une grande poêle posée sur un feu de bois. Les ingrédients qui la composaient provenaient exclusivement de la région (riz, ail, anguilles, escargots, haricots), mais, au fil du temps, des dizaines de variantes sont nées. Pour réussir une paella, il faut une poêle adéquate : elle doit être grande, ses bords pas trop hauts, et son volume doit correspondre à la quantité de riz à cuire. Idéalement, la source de chaleur doit être aussi large que la poêle : en Espagne, on trouve des réchauds à gaz spécialement conçus pour distribuer uniformément la chaleur.

PAPRIKA

Le paprika, pimentón en espagnol, est un ingrédient essentiel de la gastronomie de ce pays. Il s'utilise en fin de cuisson, de la même manière que le poivre noir, mais il peut être ajouté en début de préparation pour donner au plat un arôme puissant et une couleur d'un rouge profond. Le paprika est issu d'un piment doux séché. Il peut être dulce (doux), picante (piquant) ou agridulce (aigre-doux). Le pimentón de la Vera, originaire d'Extrémadure, est considéré comme le meilleur.

PIMENT DE PADRÓN

Il s'agit d'un petit piment vert très dense propre à l'Espagne, toujours servi frit dans de l'huile et saupoudré de sel. Il arrive qu'un piment de Padrón particulièrement piquant se glisse parmi une poêlée de spécimens doux.

PIMENT ÑORA

Il s'agit d'un piment séché de la taille d'une noix au parfum fruité et à la saveur épicée. Il n'est pas très charnu, mais son goût est concentré. Pour le préparer : retirez la tige et les graines, morcelez-le et laissez-le infuser dans de l'eau bouillante jusqu'à ce qu'il soit tendre.

POIVRON

Le climat espagnol permet la culture des poivrons rouges et verts, charnus et doux. Rôti au four, le poivron rouge se suffit à lui-même. Les piquillos de la Rioja sont des petits poivrons rouges très estimés que l'on trouve généralement déjà préparés au four et conditionnés en bocaux. Les piquillos farcis à la brandade de morue, au fromage et autres garnitures, font partie des tapas les plus populaires.

RIZ

Ce sont les Maures qui ont les premiers cultivé du riz dans les zones marécageuses autour de Valence. Les grains courts et ronds qui caractérisent le riz espagnol sont parfaits pour la paella et pour d'autres plats à base de riz du fait qu'ils gonflent de façon spectaculaire à la cuisson (chaque grain absorbe 3 ou 4 fois son volume en liquide). Le riz bomba « Calasparra », du nom d'une municipalité dans la province de Murcie, est le plus réputé : en absorbant le bouillon, ses grains s'élargissent au lieu de s'allonger.

SAFRAN

Épice maure par excellence, le safran entre dans la composition de nombreux plats espagnols, notamment la paella ou les ragoûts à base de poisson. Il faut environ 200 fleurs de crocus pour récolter 1 g de filaments de safran, ce qui en fait l'une des épices les plus chères et les plus prisées au monde. Heureusement, il n'en faut pas beaucoup pour agrémenter un plat (quelques filaments pour 2 ou 3 personnes). Rien ne remplace le safran, et de nombreuses spécialités espagnoles souffriraient de son absence. Il est souvent demandé, dans les recettes, que les filaments soient dissous dans un peu d'eau chaude pour que la couleur se répartisse uniformément parmi les ingrédients. Cela n'est toutefois pas indispensable, les filaments pouvant être pilés.

VINAIGRE DE XÉRÈS

Vinaigre plus sirupeux que les vinaigres classiques, doté d'un parfum plus profond et d'une douceur plus marquée que les traditionnels vinaigres de vin rouge ou blanc.

XÉRÈS

Vin doux produit dans le sud de l'Espagne, largement utilisé dans la cuisine de ce pays, autant pour les recettes salées que les recettes sucrées. Il en existe différentes variétés, du sec (fino) jusqu'à l'incroyablement doux Pedro Ximénez.

INDEX DES RECETTES

INDEX THÉMATIQUE

REMERCIEMENTS

À tous ceux qui ont permis la réalisation de ce livre magnifique : un grand merci !

Catie, merci pour ta confiance, tes encouragements et ton soutien. Fern, Kathy, James et Alice, votre enthousiasme, votre souci du détail, votre créativité ont rendu notre collaboration vraiment très agréable.

Un merci tout particulier à Brindisa qui m'a procuré les savoureux produits typiquement espagnols, ainsi qu'à Julia, chez Love Fish Ltd, Bornemouth, qui m'a fourni tous les fruits de mer dont j'avais besoin. Je remercie également Tony, chez Dorset Escargot, et ses délicieux mollusques...

Merci Ashling pour tes idées, tes talents de goûteuse et la mise à disposition de ton merveilleux réchaud à paella. Je n'oublie pas mes deux petits sous-chefs Ruby et Ben qui non seulement m'ont apporté leur soutien, mais qui ont aussi stoïquement mangé espagnol pendant des semaines même si, par moments, ils avaient de violentes envies de bâtonnets de poisson pané ! Enfin, Adam, merci comme toujours d'être la voix de l'apaisement dans les moments de panique généralisée.

43, quai de Grenelle, 75905 Paris Cedex 15

Édition anglaise : Catie Ziller
Photographe : James Lyndsay
Direction artistique : Alice Chadwick
Suivi éditorial : Kathy Steer
Traduction : Catherine Van Devyvere
Adaptation : Audrey Génin
Relecture : Véronique Dussidour

Pour l'éditeur, le principe est d'utiliser des papiers composés de fibres naturelles, renouvelables, recyclables et fabriqués à partir de bois issus de forêts qui adoptent un système d'aménagement durable. En outre, l'éditeur attend de ses fournisseurs de papier qu'ils s'inscrivent dans une démarche de certification environnementale reconnue.

Codification : 4118121
ISBN : 978-2-501-07756-9
Dépôt légal : mai 2012

Imprimé en Espagne par Graficas Estella en avril 2012